梦山书系

诊断式阅读教学
探索与教例

杨海棠◎著

海峡出版发行集团 | 福建教育出版社

图书在版编目（CIP）数据

诊断式阅读教学探索与教例/杨海棠著．—福州：福建教育出版社，2015.10（2020.11重印）

ISBN 978-7-5334-6933-7

Ⅰ．①诊… Ⅱ．①杨… Ⅲ．①阅读课－课堂教学－教学研究－小学 Ⅳ．①G623.232

中国版本图书馆CIP数据核字（2015）第186662号

Zhenduanshi Yuedu Jiaoxue Tansuo Yu Jiaoli
诊断式阅读教学探索与教例
杨海棠 著

出版发行	福建教育出版社
	（福州市梦山路27号　邮编：350025　网址：www.fep.com.cn）
	编辑部电话：010-62027445
	发行部电话：010-62024258　0591-87115073）
出 版 人	江金辉
印　　刷	三河市同力彩印有限公司
	（河北省廊坊市三河市皇庄镇赵庄子村　邮编：065204）
开　　本	720毫米×1000毫米　1/16
印　　张	13.25
字　　数	205千字
版　　次	2015年10月第1版　2020年11月第3次印刷
书　　号	ISBN 978-7-5334-6933-7
定　　价	29.80元

如发现本书印装质量问题，请向本社出版科（电话：0591-83726019）调换。

序

  语文课效率不高，学生学习负担重，社会认同度低，究其原因有教学上的问题，也有教师方面的问题，但症结在我国语文课程建设的不成熟。经过60多年的探索，2011年版语文课程标准终于对语文课程的性质重新作出了界定："语文课程是一门学习语言文字运用的综合性、实践性课程。"语文课程性质任务的重新认定，很大程度上解决了这门课程"教什么"的问题，明确了语文课程改革的方向。作为以学习祖国语言文字为主要目标的语文课程，其核心功能在于能够熟练运用口头和书面语言参与社会交际。倾向于语言运用能力特别是表达能力培养，是多数发达国家母语课程的基本取向。然而，建国以来我国的语文课程始终固守"以阅读为重点"的课程取向。从课程结构看，用于阅读的时间占了四分之三，而运用表达教学的时间不足四分之一，造成语文课程"阅读"和"表达"教学时间的先天性失衡；从教学方法而言，主要采用"初读课文—分段讲读—总结提升"的教学方法，围绕课文思想内容理解为目标组织教学过程，很大程度上异化了语文课程的性质，使得语文课上成思品课、历史课、常识课的不正常现象长期难以扭转。正如杨海棠老师说的那样：学了《孔子拜师》（三上），学生知道了"孔子虽然学识渊博，远近闻名，但仍虚心好学，到千里之外去拜师。我们应该向他学习"。学了《乡下人家》（四下），学生告诉老师"我留下最深刻的印象，也是最主要的收获，是知道了乡村生活很美，很有趣，乡下人日子过得很快乐"。学了《新型玻璃》（五上）学生"知道了有五种新型玻璃，尤其是防盗玻璃很好玩，可以防小偷"。教师教完一篇篇课文，学生留下的主要是课文思想内容的痕迹。

语文课没有将"学习语言文字运用"作为教学重点，而去片面追求所谓的情感态度价值观教育，不仅异化了语文课程的性质，也使得语文课程长期存在的"高投入，低产出，老师吃力，学生没劲"的不正常现象始终难以改变。

海棠老师是一位有着20年教研经历的小学语文教研员。他立足课堂，既研又教。通过长期的上课与听课，评课与讲座，研究与探索，他认识到语文课程层面存在的这些深层问题，大声疾呼当前语文教师必须"在观念上应该有一个清醒的认识，过去是以理解课文为中心、为主业，现在应该是既有理解，又有运用，把理解和运用相结合，而且学习语文主要是为了运用，应该指向运用"！这个观点与课程标准对语文课程性质作出的界定相当吻合，是难能可贵的。

在多年的语文教学实践研究中海棠老师逐步形成了自己的语文教学主张，其中不乏真知灼见。比如，他提出"提高阅读教学质量，应该首先提高学生朗读课文的质量"。重视课文朗读是我国传统语文教学留下的宝贵经验，朗读有利于学生语言积累，语感积淀，并且可以促进学生养成规范的语言习惯。他提出的"培养学生语文自主阅读能力，应该重点培养学生默读课文的能力"，"引导学生学习语言文字运用，主要是让学生从对文本的精读理解中学习语言的精妙表达"，这些主张都很有见地，能够极大地提高阅读教学的有效性。他还提出"现代信息社会的阅读环境和阅读需求下，必须让学生真正掌握略读课文的本领"，"学生的知识愈丰富，语文学习愈轻松——不可淡化、虚化语文知识的教学"，这些主张切中语文教学的时弊，可以纠正当下不少教师对语文教学的模糊认识。海棠老师还就如何将语文课真正上成"学习语言文字运用"课提出了自己的见解："语文课程是一门实践性极强的课程，学生只有从亲自阅读中才能学会阅读，从亲自写作中才能学会写作，从亲自听说中才能学会听说，从亲自思考中才能学会思考。"凸显了语文课程实践性的特点。

这本书还梳理出了每个学段培养学生语文运用能力的重点。低年级：注重培养学生独立识字、写字能力，朗读课文的能力，从阅读中学习说话和写话的能力。对低年级孩子来说，应加强写好字、读好书、说好话、写好话的训练。中年级：应加强词句的理解与运用，段的理解与运用、朗读能力、略读能力、默读能力、复述能力、概括课文主要内容能力的培养。对中年级的学生来说，应加强词句的理解、运用与积累，尤其应加强段的教学，理解自然段，认识意义段，为高年级篇章教学打下基础。高年级：继续培养学生联系课文理解词句、把握课文的主要内容、体会课文思想感情的能力，重点培养学生理清课文的表达顺序、领悟课文基本表达方法的能力，篇章的读与写的能力；还要注意培养学生阅读不同文体的理解力，学习语言文字的运用能力，养成从读悟写，从读学写的习惯。对高年级的学生来说，阅读文章要有自己的独特见解，表达看法要有个人的独特感受。这样对各年段语文教学内容的划分和表述，使得语文课程标准的年段目标更加清晰，教师容易理解，也便于操作。

海棠老师主要从事的是语文教研工作，但是他一直没有离开语文课堂，在完成繁忙的教研工作的同时，每学期都坚持在实验学校上课。每学期有计划、有系统地教10篇课文，低、中、高年级都教，各种体裁的课文都教。作为教研员，偶尔上一些示范课，这不足为奇；但要长期坚持课堂教学实践，是很不容易的。也正是因为如此，海棠老师更能发现课堂中存在的真实问题，并能够真正从问题出发，提出切合实际的解决问题的办法。

这本书凝聚了一位资深语文教研员20年来对语文教学的实践研究和理论思考，值得从事语文教学的一线教师和教研员读一读。特别是海棠老师亲力亲为坚持定期下课堂上课，令人钦佩，值得广大教研员学习。

吴忠豪
2015.5.28

（吴忠豪，著名语文教育专家，上海师范大学教授）

目　录

引言：我的阅读教学主张 ·· 001

阅读教学探索 ·· 013

　　守住朗读 ·· 015
　　　　——让学生留下语文的根
　　强化默读 ·· 034
　　　　——引导学生"潜心会文本"
　　学会略读 ·· 055
　　　　——快速捕捉文本的关键信息
　　注重精读 ·· 073
　　　　——提升学生文本阅读的综合理解力
　　语文知识 ·· 106
　　　　——为学生构造一个合宜的大脑

阅读教学教例 ·· 131

　　散文教学 ·· 133
　　　　——体味精准的言语表达
　　小说教学 ·· 155
　　　　——学习作者是怎样讲故事的

说明文教学·····································171
　　——学习作者是怎样"劝说"的
诗歌教学·······································182
　　——从"密咏恬吟"探其"深远之韵"
文言文教学···································193
　　——着力于文本的"一体三味"

参考文献·····································199
后　记·······································203

引言

我的阅读教学主张

我是一位有20年教研经历的小学语文教研员。我多年的教研方式是：立足课堂，既研又教。我既教作文课，又教阅读课。我教阅读课的目的，主要是研究落实语文课程标准的教学理念，探索如何引导学生学习语言文字运用，并且注意解决教师在课堂教学中存在的问题。长期的上课与听课，评课与讲座，研究与探索，我不仅指导了我县众多的语文教师，而且在阅读教学中也收获了经验，留下了思想，形成了自己的阅读教学主张。

主张1：提高阅读教学质量，应该首先提高学生朗读课文的质量。

著名语文教育老专家张田若先生曾经说过："阅读教学，第一是读，第二是读，第三还是读。评价一节语文课成败与否的第一个标准，是看全班学生是否熟读了课文。"阅读教学，"读"占鳌头。阅读教学要多读，尤其是朗读。朗读是阅读教学的根本之法。学生能正确、流利、有感情地朗读课文，既训练了词句，提升了语感，又内化了语言，留住了人文。所以，提高阅读教学的质量，应该首先提高学生朗读课文的质量。

朗读对于语文学习这么重要，可是当前学生的朗读水平普遍偏低，达不到课标提出的朗读要求。任意走进一所小学，尤其是农村小学，检测一下学生学过课文的朗读情况，你会发现：学生朗读一篇课文一般比较熟练，但丢字添字现象比较严重，不注意停顿，能声情并茂地准确读出课文思想感情的学生少之又少。经常到全国各地上课的著名特级教师于永正，对此更有深刻的体会。他说："当前全国小学生有95%的朗读不过关，达不到课标提出的正确、流利、有感情的要求。课标上说，朗读要提倡自然，要摒弃矫揉造作的腔调，可是能自然朗读课文的学生寥寥无几！"

学生的朗读课文存在着严重问题，而且还很普遍。语文教学效率一直不高，朗读是其中一个重要原因。解决朗读的问题，要从以下四个方面着力。

第一，应该有正确的语文课堂教学质量观。

当前许多语文教师对阅读教学有一个错误的认识，认为考试不考朗读，所以便弱化学生对课文的朗读，重视教师对文本的分析，重视学生的课外书面作业练习。其实，对于小学生来说，语文学习的好差，一切均在朗读中！抓住了朗读，也就抓住了语文学习的根本；让学生守住了朗读，也就守住了语文的根。语文的"根"留下了，还怕语文这棵"大树"不能枝繁叶茂吗？所以，我们要转变教学观念，从语文学习的原点出发，按语文学习的规律办事。语文教学注重了语文学习的过程，语文学习的结果一定会水到渠成。

总之，我们今天谈语文课堂教学质量，谈语文课堂教学效率，应该首先谈朗读质量，朗读效率；谈语文教学方法，也应该首先谈朗读教学方法；举行语文公开课的宗旨与任务，也应该首先把朗读作为一项重要的教学内容进行研讨。这才是我们所应持的正确的语文课堂教学质量观。

第二，应该下大力气让学生的朗读达到课标要求。

其实，抓好学生的课文朗读，没有什么高深的技法，关键看教师是不是愿意去踏踏实实地做。一是正确、流利地朗读课文，不走过场。学生没有把课文读正确，没有把课文读熟练，不要开讲。教师对于朗读水平比较低的班级，在这方面一开始要舍得花时间，舍得花精力。二是对于"有感情地朗读课文"，教师既要注重引导学生品读语言，感悟形式，体会情感，让学生入境生情，又要注意引导学生把课文读得自自然然，有声有色。教师尤其不能忽视引导学生回归整体，把握基调，有感情地朗读全文的工作。因为在这方面，许多老师忽视了。

第三，注意培养学生良好的朗读习惯。

叶圣陶先生告诉我们："无论哪一种能力，要达到了习惯成自然的地步，才算我们有了那种能力。不达到习惯成自然的地步，勉勉强强地做一做，那就算不得我们有了那种能力。"培养学生良好的朗读习惯，一是让学生明白把课文朗读好的意义及要求，这是由知到行的规律。二是让每一个学段都过好朗读的关，每一学段都要对上一学段负责，步步为营，拾级而上，这是能力达成的原理。三是在培养习惯的过程中，一开始要严格要求，有一定的强制性，强制学生把课文读好，当然这里需要老师的责任心和耐心。强制学生这样做一段时间，学生会慢慢地适应，慢慢地也就习惯了。教学经验表明，只要基础扎实，严格去做，一个月便可让学生养成良好的朗读习惯。不信，老师们可以试试看。

第四，要求学生把课文读好，教师本人应该先把课文读好。

这是我的切身体会。每教一课，我都要把课文读得正确、流利、有感情。教师把课文读好了，有了朗读的体会，课堂上指导学生也就有了针对性。要求学生背诵的课文，教师也应该熟念会背。除此之外，我平时还会像学生一样，背诵课标给小学生规定背诵的75首古诗词。教师应该是一个比学生更会学习的人。教师处处给学生做了学习的榜样，课堂上教学生往往会产生神奇的效果。

主张2：培养学生语文自主阅读能力，应该重点培养学生默读课文的能力。

新一轮课程改革特别强调培养学生的自主学习能力。课堂上要真正落实以学生为主体、以教师为主导的教学原则，发挥学生主体作用，调动学生学习的主动性和积极性。配合新课程改革，教育部于2001年7月组织编写并出版了《素质教育观念学习提要》一书。书中强调指出："学习者是学习的主人，学习质量的高低、学习效果的好坏最终取决于学习者自身。教师要努力创造条件，让学习者充分发挥主观能动性，主动地、有见地学习，并将所学知识运用于实际，变'要我学'为'我要学'、'我爱学'、'我善学'，发展自我调控能力，在学习过程中不断实现自我超越。"

"以学生为学习的主体"这个课程改革的核心理念，落实在语文课堂教学中，重点应该抓住默读教学。为什么这么说呢？因为在课文的学习活动中，凡是需要学生自主学习的时候，多数情况下要用到默读方式。联系上下文理解词句要用到默读；概括课文的主要内容要用到默读；分段和概括段意要用到默读；品味词句段的含义要用到默读；赏析课文的表达方法要用到默读；体会课文的中心思想要用到默读；准备回答课后的思考练习要用到默读。还有，学生的课外自由阅读也是默读。默读不仅经常运用于语文学习活动之中，而且学生自主学习其他学科也是以默读为主。就中小学生来说，白天的自习课上，学生以默读为主；晚上的自习课，教室里更是一片寂静，学生都在自由地默读看书学习。学生在中小学阶段的自主学习是以默读为主，将来的终身学习也是以默读为主要的学习方式。所以，培养学生语文自主阅读能力，应该重点培养学生默读课文的能力。反之，学生有了较强的默读能力，也必定有了相应的自主学习能力。自主学习能力对学生的终身发展意义重大。

学生的默读能力这么重要，可是一些教师既没有认识到它的重要意义，在实际教学中也没有很好的培养。听课中发现，一些语文课"热闹"有余，"安静"不足；一些教师上课比较急躁，给学生留出的默读课文的时间太短，学生看书没看一分钟，便让学生举手回答问题；许多学生默读课文时不会思考，不会批注，默读效果很差……

语文课堂上培养学生默读课文的能力，我常用六种教学方法。一是营造安静的语文课堂学习环境，让学生做好默读的心理准备；二是给学生充分的默读时间；三是教会学生远离"三不"（不出声、不动嘴唇、不指读）；四是引导学生在默读中进行有效的思考；五是注意提高学生的默读速度；六是培养学生的默读习惯。培养学生的默读能力，除了运用恰当的教学方法外，还要选择恰当的默读时机，即注意默读的方法与默读的内容应该有机的统一，这样更有利于培养学生的默读能力。

主张3：现代信息社会的阅读环境和阅读需求下，必须让学生真正掌握略读课文的本领。

这里我特别强调"真正"二字。现代社会是一个信息社会。信息社会的特点，是信息既多又快，以各种不同的方式涌进社会生活。人们为了工作、学习和生活的便捷，面对大量而又不断变化更新的信息，既要学会分辨信息、选择信息，又要快速捕捉有价值的信息、关键信息。快速捕捉文本的关键信息，人们必须学会略读。因为略读是粗略地读，是选择地读，是精力高度集中地读，是思维迅速加快地读，是短时间内就能获得有用信息、关键信息的读。换句话说，略读也是一种高效率的阅读。所以说，现代信息社会的阅读环境和阅读需求下，学校教育必须让学生真正掌握略读课文的本领。

《语文课程标准（2011年版）》从第二学段开始，要求学生"学习略读，粗知文章大意"。"学习略读"，就是要求学生学习、掌握略读课文的本领，包括如何阅读，如何思考，如何批注，如何选择，如何交流等；"粗知文章大意"，就是大致地把握文章的主要内容，把握文章最关键的东西，包括作者最想告诉我们的是什么，以及作者是怎样告诉的。

我经常走进农村学校听课，也经常听老师们讲略读课。从教学效果来看，总体是不尽如人意的，学生并不能真正掌握略读课文的本领。具体表现在：一是不会略读，不会运用从精读课文中学到的读书方法学习略读课文，也就是说，学生缺乏相应的阅读能力，就是上面所说的如何读，如何思，如何选择，如何交流等；二是发现不了最有价值的东西，即大部分学生只能了解文本的浅表信息，比如文章讲了什么事，至于它的深刻内涵、言外之意，以及文本的表达方法，却知之甚少，或把握得极不准确。

一个小学生还没有学会略读，不具备略读课文的本领，不仅影响到他的中学学习，还会影响到他未来的发展。造成这种现象的原因主要在教师。一是教师在精读课文的教学中忽略了阅读方法的教学，学生没有从精读课中学到必要的阅读方法，那么他在略读课文学习中也就无从运用。不懂方法的学习是最低效的学习。二是教师没有充分地放手。略读课文的学习，应是以学生自学为主，是学生运用从精读课文中学到的阅读方法进行自主的阅读，教师所讲的东西极少，教师更不能把结论讲给学生。三是教师的教学设计也有问题，比如教学目标的确定、教学内容的选择、教学方法的运用以及教学流程的安排等，都有问题，不是切合略读课文学习特点的，也不是适合以学生为主的学情需要。

解决老师们略读课文教学中存在的问题，我在教学中运用了七种教学方法以及五种教学范式，取得了不错的效果。略读教学七法分别是：一是精巧切入，引导学生快速了解文章概貌；二是精心设问，引导学生快速聚焦文章关键；三是精略相联，引导学生实践运用读书方法；四是瞻前顾后，引导学生学习课文的言语表达；五是旁征博引，引导学生丰富学习内容；六是结课拓展，引导学生从课内阅读走向课外阅读；七是有效练习，引导学生以写促读。五种教学范式有：第一种，问题解决式；第二种，方法迁移式；第三种，文学赏析式；第四种，读写结合式；第五种，比较阅读式。

主张4：引导学生学习语言文字运用，主要是让学生从对文本的精读理解中学习语言的精妙表达。

这一主张谈的是精读课文的教学。这一主张有三处需要特别关注。

第一处，引导学生学习语言文字运用。

这句话是我学习语文课程标准所产生的结论性思考。《语文课程标准（2011年版）》讲到"课程性质"时指出："语文课程是一门学习语言文字运用的综合性、实践性课程。"这句话告诉我们，语文课程的主要任务是要引导学生学习语言文字运用，其学习的特点具有综合性、实践性。综合性，即听、说、读、写的综合，课内、课外的综合，理解、运用的综合等；实践性即语文课程是一门实践性极强的课程，学生只有亲自阅读才能学会阅读，亲自写作才能学会写作，亲自听说才能学会听说，亲自思考才能学会思考。"学习语言文字运用"是语文课程的主要教学任务，而完成这一任务的主要阵地，是精读课文的课堂，评价这一任务完成的如何，也主要是看学生对精读课文的学习效果。所以，我们要带着学习语言文字运用的这一主要任务，进行精读课文的教学。

第二处，对文本的精读理解。

从精读课文中学习语言文字运用，必须通过对文本的精读理解。通过精读理解，既理解、体会了文本，发现了文本，又从理解中学习了理解。所以，精读理解文本既是学习精读课文的方法、手段，也是学习的目的。所谓"精读理解"，应该是一种什么样的理解呢？应该是反复仔细地阅读理解。这其中包含了全神贯注地朗读、默读、诵读、想象、思考、体会、归纳、综合、交流、表达等。没有精心地阅读，就没有精读课文的学习。这里要特别强调的是，从精读课文的学习中"学习语言文字运用"，并非只学运用，不学理解，应该是既学运用又学理解。应以理解为基础，主要学习运用。可是，当前的语文课堂仅以理解为主，忽视了运用的学习，这是不对的。真正的阅读课堂，应该像上海师范大学教授吴忠豪先生所说的那样："在教学思想上，从过去的'教课文'，转为'教语文'；在教学目标上，变'阅读核心'为'读写并重'；在教学内容上，变'理解课文'为注重'读写结合'的实践活动；在教学时间上，变'阅读主导'为'表达主导'。"

第三处，学习语言的精妙表达。

学习语言的精妙表达，即学习文本语言的表达方法。包括文本的遣词造句、布局谋篇、写人叙事、写景状物、立意选材、条理构思、叙述描写等方法、技巧的精妙之处。学生从课文中学到了文本的精妙表达，才能在生活和实践中加以运用，才能积累语文经验，提高语文运用能力，丰富语文素养。

通过精读课文的教学，提升学生的综合理解力，学习文本的精妙表达，我是怎么做的呢？一是在阅读理解的过程中，让学生习得语文学习的方法；二是在语文实践运用的过程中，培养学生的语文学习能力；三是在方法习得、能力培养过程中，提升学生的人格素质，对学生进行社会主义核心价值观的渗透教育。我的精读课的课堂教学原则是：以学生为主体，以教师为主导，以学习语言文字运用为主线。

主张5：学生的知识愈丰富，语文学习愈轻松——不可淡化、虚化语文知识的教学。

苏霍姆林斯基告诉我们："一个人的知识越多，学起新知识来越容易。"苏霍姆林斯基是全世界著名的教育家，同时也是一位无比看重知识在学习与智力发展上起着重要作用的教育家。他说："学校的实际任务就是要做到，使得关于自然和劳动、关于人的机体和思维、关于社会和人的精神生活以及关于艺术等科学的基础知识在学生的智力发展中占据应有的地位。尽管地质学、矿物学、生物学、天体演变学、心理学、修辞学、人种志学等学科并未列入教学计划，但是不介绍这些科学的知识就不可能施行真正的智育。"

通过学习苏霍姆林斯基关于"知识与学习"的重要论述，我们认为，对于一个学生来说，不论学习哪门课程，他所储存的与这门课程相关的知识愈多，具备的这门课程相关的知识组块愈多，那么学生关于这门课程的思维就愈发达，智慧就愈丰富，因此学生学习这门课程也就愈轻松，而且也能获得比较理想的学习成绩。由此我们会进一步想到，为什么苏霍姆林斯基在他的著作中多次强调学生读书的重要性，多次强调学生走进大自然的重要性，强调观察的重要性，劳动的重要性，以及动手操作、思考的重要性。其实只有一个目的，这些都是为了增加学生各方面的知识，为了打牢学生知识的基础，也是为了让文化课学习更容易、更轻松、更加有效。

学生的语文学习当然也不会离开相关知识的学习。学生掌握的与语文有关的知识愈丰富，学生的语文学习也会愈容易、愈轻松，同时也愈有效。比如识字，如果学生具备的有关汉字字理的知识愈多，那么学生对汉字的理解也愈深刻，记忆也愈牢固，规范书写也会更加自觉。朗读课文方面，如果学生不仅具备了关于朗读方法的知识，同时对课文又有了比较透彻的理解、比较深刻的体会，这就是掌握了课文思想内容的相关知识，那么学生朗读课文也会更加容易，朗读的效果也会更好。许多学生之所以总是读不好课文，正是因为老师没有给学生传授有关朗读的知识，学生对课文理解得不深不透，课文思想内容的知识没有真正掌握。再说学生理解课文、体会思想情感，如果学生有了与课文相关的丰富的生活经验，并且掌握了课文的背景知识，那么学生理解课文、体会情感也会容易多了，效果也会很好。一些学校、教师，整天把学生关在教室里，不让学生去接触社会，走向生活，整天用大量的作业把学生压得喘不过气来，学生也没有时间、没有兴趣去观察生活、认识理解生活，这样无怪乎学生理解体会课文的思想内容有困难，也无怪乎学生学习语文有困难。更为明显的是，学生的作文写得好与差，也与学生生活知识的积累多少有关，与学生读书多少有关。总之，语文学习的外延与生活的外延相等。学生的生活知识愈丰富，或者学生通过读书获得的间接生活知识愈丰富，那么学生的语文学习也愈加轻松，愈加容易，愈加有效。

通过以上论述我们可知，语文教学不可淡化更不能虚化知识的教学。语文教学不能缺少知识，但又不能为了知识而单纯地教知识，无须追求知识的系统和完整。语文学习的重要特征是实践。语文知识是为语文实践服务的。语文知识应服从于、服务于语文实践。学生通过语文学习实践，最终是获得一种语文实践能力，而非系统、完整的一大堆语文知识。语文教学不可过度地讲解知识，但也不能把知识虚无化，担心一讲语文知识别人说他的语文课走老路。我在听课中发现：一些老师教识字，很少给学生讲汉字的字理知识；一些老师教朗读，很少讲朗读的方法、技巧；一些老师让学生体会、感悟语文，很少给学生介绍体会、感悟的方法；一些老师教诵读，也从来不给学生介绍诵读的相关知识；一些老师教作文，也很少介绍写作的常识；等等。这些都是不正确的做法。总之，语文学习，知识愈多，学习愈轻松、愈容易；但学生所需要的知识是实践性知识，学习的目的指向语文实践能力。

把握了以上知识教学的思想，我在语文教学中是从以下三方面引导学生实现语文知识向实践能力转化的。

第一，应知。

根据学生语文学习的需要，我给学生开辟了"应知"的六条渠道：（1）读，课内外的阅读。（2）听，课内的听课以及生活中的听。（3）问，课内的问以及生活中的问。（4）看，引导学生做一个在生活中留心周围世界的人。（5）思，思考，把从各种渠道获取的知识进行思考消化，也是一种知识学习的方法。（6）记，对所获知识的记录。

第二，应会。

由"知"到"会"，必须经过实践与运用。语文教学中，我给学生创造了许多语文实践运用的机会——读、说、写、做等。在实践与运用的过程中，还要不怕吃苦，克服困难，因为语文学习知易行难。

第三，完全地会。

所谓让学生"完全地会"，即引导学生把语文学习的前后知识相互联系，融会贯通，循序渐进，螺旋上升。从整体出发，从全面思维，纵横联系，让学生把知识牢靠地掌握于胸。

主张6：基于文本体式的教学，才是最有效提升学生语文素养的阅读教学。

读书、作文，应关注文体。《文心雕龙·附会》指出："夫才童学文，宜正体制。"程千帆在《文论十笺》中说："考体式之辨，乃学文之始基。汉文有体，自古而然。作文须得体，读文须辨体，亦是读写常识。"上海师范大学王荣生教授，是我国著名的语文教育研究专家。他告诉我们："阅读是一种文体思维。阅读总是对特定体式的文本的阅读。不同体式的课文其阅读方式、阅读方法均有差异。阅读教学，必须十分关注阅读体式的差异；不同体式的阅读，有其相应的教学内容以及相匹配的教学方法。"

然而，反观当下的阅读教学，缺乏文体意识、文体思维以及文体教学特征的语文课，大量存在。阅读教学中，很多教师淡化了文体，漠视了文体。听课中发现，许多教师把童话教成了记叙文。教学中缺失了想象，淡化了情感，更轻视了感受优美的语言。一些教师把儿童散文教得没有散文味，听起来也像一般的记叙文章。散文的主要特征是作者独特的思想情感、人生体验以及精准的言语表达。而一些教师教这类文章，本应该让学生深入阅读、深入体会作者在文本中到底想说什么，想表达一种什么情感，想告诉我们一种什么人生体验，但却让学生大谈从文本中受到什么思想教育。即关注了读者自己的思想体验而忽略了作者本人的独特体验。一位老师教寓言《鹬蚌相争》，这本来是一篇虚构的文学作品，让学生通过阅读把握文本的寓意即可，而教师却让学生对文本情节的真伪进行了反复的探究，这是本末倒置。总之，阅读教学缺乏了文体意识，淡化、虚化了文体特征，实际上是弱化了文本的价值，虚化了文本的功能，这是一种低效甚至是无效的阅读教学。

　　基于文本体式的教学，才是最有效提升学生语文素养的阅读教学。《人民教育》2013年第6期，在讨论"语文教学文体意识"这个话题的时候，编者按指出："自觉的文体意识不是单纯地具备某种文体知识，它是一种综合性语文素养，文体意识的培养不仅要清楚文体知识，更重要的是在语文实践中与体验、感悟、理解等语文素养相互链接、交叉、渗透，这样形成的文体意识才能更好地帮助学生阅读、写作和表达交际。"不错，文体不同，表达不同；文体感不同，语感也不会相同。不同的文体，就有不同的表达，那么读者随之而来的，就有对文体不同的体验、感悟与理解。有了自觉的文体意识，拿过一篇文章，应该首先辨体，然后才会采取相应阅读方式。学生阅读了大量不同体式的文章，经常进行不同阅读方式的实践练习，便会积累较多的阅读不同文体的经验，这样就慢慢地提升了学生的阅读素养，最终提升学生语文学习的综合素养。

　　阅读教学中，文体不同，我的阅读教学目标、思路、方法乃至创造都有区别。因文司道，披文入情，根据文体情况调整阅读教学策略，引导学生通过不同方式来解析文体的语义内容，然后再让学生根据语义内容来理解和把握语言体式，这是我阅读教学的基本思路。具体地说，就是散文教学，体味精准的言语表达——梳理文本结构，体味文本语言，感受文本意境。小说教学，学习作者是怎样讲故事的——理清故事情节，关注人物塑造，注意环境描写，回归全文，体味作者讲故事的方法、技巧。说明文教学，学习作者是怎样"劝说"的——整体感知，把握特点，学习劝说。诗歌教学，从"密咏恬吟"探其"深远之韵"——注重诵读，加强想象，教学路径是：朗读—诵读—入境—悟情—吟背。文言文教学，着力于文本的"一体三味"，即文言、文章、文化——以自学为主，以朗读、品读、诵读为主，以积累为主。

阅读教学探索

守住朗读
强化默读
学会略读
注重精读
语文知识

守住朗读
——让学生留下语文的根

语文教师是教学生学习语文的。学习语文,首先要学什么?学好语文,首先要学好什么?教好语文,首先要教好什么?这几个问题,大家一定会不约而同地回答:"朗读!"众所周知,朗读既是小学生学习语文的重要手段,也是小学生学习语文的一个重要目的。没有朗读,何谈理解?没有朗读,何谈素养?没有语文素养,何谈健康成长?朗读之于语文学习,之于语文教学,第一重要!朗读这么重要,学生学好了吗?达到课标要求了吗?我可以直言不讳地告诉你:"没有!"朗读到底怎么了?

一、朗读怎么了——我的听课

2014年,我到全县各小学听课133节,其中听阅读课120节。这120节阅读课,全是教师的家常课。这些没有经过包装的家常课,恰能真实地反映学生朗读课文的实际面貌,能看出朗读存在的实际问题。

(一)学生正确流利地朗读课文难以保障。

1. 朗读做不到清楚响亮。

尤其是一些男孩子读书,有气无力,声音极低。我们听课一般都坐在教室的最后一排，老师让前边的学生站起来朗读，后边的听课老师、学生根本听不到。其实，朗读课文首先应该做到响亮，放开声音，进而把课文读得清晰、明白、利利索索。可许多学生的朗读，"嗡嗡嗡嗡"，接二连三，让人听不清，闷死人了！

2. 丢字、添字现象比较普遍。

从听课情况来看，一个班几十个孩子，朗读能达到不丢字、不添字、不读错、不读颠倒的学生是极少数，绝大多数的孩子的朗读达不到"四不"的要求。这些学生的读书，是"粗放型"的，课文也能读下来，但不精细，不准确，出错不少。

3. 不会注意停顿。

学生朗读一段话，应该对句读之间作出恰当的停顿，自然段之间作出恰当的停顿。按理说，这些都是朗读的基本常识和基本技能。可是我在听课中发现，许多学生的朗读，句读不分，段落不明，让别人听不清哪些地方为一句话，哪些地方为一段话。

4. 一些学校还有唱读的现象。

去农村听课，我们发现有的孩子朗读一字一顿，一词一顿，形成拉腔唱读。有些农村孩子转到城里上学，又把唱读带到了城里，城里的老师要花好长一段时间，才能纠正过来。

正确、流利地朗读课文得不到保障，一是因为教师要求不严。只要教师严格要求，认真指导，学生做到正确、流利地朗读课文应该不成问题。二是教师有些急躁。我从听课中发现，学生只是把课文能读下来了，但读得丢三落四，疙疙瘩瘩，教师便急着让学生说说课文的大意。对正确、流利地朗读课文的环节，一些老师只管读过，不管会读，走了过场，这样必然会造成学生有感情朗读课文出现问题。

（二）有感情地朗读课文存在问题。

我从听课看出，真正能达到有感情地朗读课文的学生太少了。大多数学生只是能把课文读得比较快一些，熟练一些，根本表达不出感情。课文读得比较快，那是朗读遍数的机械增加，并没有对课文有深刻的理解与体会。

1. 不能把握一篇课文的朗读基调。

文章的内在情感不同，要用不同的语调去朗读。我们指导学生有感情地朗读课文，必须让学生把握一篇文章的朗读基调。基调，即一篇文章基本的语调，或昂扬，或沉郁，或平缓，或豪放，或高兴，或悲伤，要有一个总体的把握。《槐乡的孩子》一课的朗读基调为孩子们从辛勤的劳动中获得的无比快乐，但听学生朗读，觉得平平淡淡，少有快乐。常态课是这样，公开课也是如此，甚至一些"名师"的公开课，只是让学生品读了几处词句，获得"零散"的情感体验，便停止了，接着让学生进行迁移运用，课外拓展。

2. 轻重缓急、抑扬顿挫表现不出来。

朗读一篇课文，除了要注意总体的朗读基调，还要注意各个部分的情感变化，注意情感上的停顿、轻重、缓急、抑扬等。学生朗读课文，只有注意了轻重缓急、抑扬顿挫，才算真正做到有感情的朗读。从听课情况来看，能达到这些要求的学生真是太少了。

3. 没有多少学生能做到"朗读要自然"。

语文课程标准要求："朗读要提倡自然。"所谓朗读要自然，就是朗读时不拿腔捏调，不矫揉造作。语文教材中的每一篇课文，可以说都是一个优秀的故事，朗读时应好像对别人讲故事一样，娓娓道来，如话家常。能达到这个要求的学生，凤毛麟角。我听学生的读书，总觉得平淡无味，带有很浓的读书腔，距"自然"的要求还差得很远。

4. 课堂上教师一般没指导学生有感情地朗读全文。

一篇课文的朗读教学，应该按照"整体—部分—整体"的路子进行，但实际教学中，多数教师往往只有从初读时的"整体"到精读时的"部分"，"部分"急急忙忙地"挑读"完了，接着便进行课外延伸，书面练习，少有教师再引导学生回归整体、有感情朗读全文的。教学中，教师缺乏这个"回读全文"的意识，不给学生留出练习朗读全文的时间，学生如何能把整篇课文读得有感情？

2014年12月8日,我去拜访全国著名特级教师于永正先生。我们谈到语文教学,谈到了对朗读的担忧。于老师动情地告诉我:"当前全国小学生有95%的朗读不过关,达不到课标提出的正确、流利、有感情的要求。课标上说,朗读要提倡自然,要摒弃矫揉造作的腔调,可是能达到这个要求的学生寥寥无几!"于老师经常到全国各地上课,对各地小学生的朗读情况了解得比较透彻,因此他才敢作出如此肯定的判断。看来,朗读存在着严重问题,不只是我们萧县,而是普遍现象。朗读本来是常识,本来是学生学习语文最基础、最经常、最重要的一项内容,能否朗读好课文,是小学生学好一篇课文的最重要的标志。如今的朗读却普遍存在着严重的问题,这不能不让人揪心!

二、守住朗读——我的上课

朗读怎么了?朗读出问题了,朗读被轻视了,被边缘化了。朗读既是语文学习的根本之法,也是语文教学的根本之法。我们应该把朗读找回,把它守住。守住朗读即守住母语,守住母语,即守住了我们的根,也是守住我们学生的心!喊破嗓子不如做出样子。守住朗读,从我做起,从我的课堂做起。身为教研员,我既听课又上课。我上的每节课,都有比较强烈地指导学生"读好书"的意识。多年的上课,使我对朗读课文的教学有了如下的感受。

(一)首先,有一个正确的语文课堂教学质量观。

评价一个学生的语文成绩,首先看他的朗读。几年前,著名特级教师贾志敏到青岛上课。他听完了两位同学的朗读,对第一位同学说:"你上学期期末语文考试考了95分,可能还多一点。"该生点头说:"对,考了96分。"然后对第二位同学说:"你大概考了85分左右。"该生大吃一惊,说:"您怎么知道的?"贾老师开玩笑地说:"我会算。"其实,贾老师是根据他们的语感推出的。于永正老师在谈到自己的语文教学经验时说:"朗读好,证明语感好;语感好的人,语文成绩一定好。培养语感最好的方法是朗读。"中央教科所张田若先生说过:"评价一节语文课成败与否的第一个标准，是看全班学生是否熟读了课文。"

我从听课中发现，班级里朗读水平好的，往往是几位女同学。她们不仅朗读好，发言也好，回答问题也能答到点子上去，而且表达也清楚、明白，干净利索。下了课我问执教教师，课堂上这些朗读、发言比较好的学生的语文考试成绩如何。老师们告诉我，他们的语文考试成绩也好，尤其是作文写得好，其他各科成绩也都优秀。这种现象正好应验了一句话：朗读是语文学习的基础，语文学习又是各科学习的基础。一个学生，能把课文正确、流利、有感情地读下来，字词句训练就有了，语感训练也有了，语言的内化也有了，人文性也在其中了。

所以我认为，我们今天谈语文课堂教学质量，谈语文课堂教学效率，应首先谈朗读质量、朗读效率；谈语文课堂教学方法，我们应首先谈朗读教学方法；举行语文公开课的宗旨与任务，也应该先把课堂的朗读作为一项重要的教学内容进行研讨。这才是我们所应持的语文课堂教学质量观。

（二）正确、流利地朗读课文，不能走过场。

正确、流利地朗读课文，从根本上讲，没有多少花样，没有什么困难，关键是教师要重视，要严格要求，要舍得给学生留时间训练。

1. 给学生留出充分的自读时间。

根据学生的自学能力，可以把学生的自读放到课内或课外。

一是把学习生字词的任务交给学生。对于要求认识的字，学生在读书的过程中借助课文中的注音或工具书，可以自行解决，做到读准字音，识记字形，了解字义。对于要求会写的字，除了上述要求，还要写一写，争取把每个生字都能写得正确、端正。

二是练习正确朗读课文。正确地朗读课文，首先让学生有一个正确的态度。朗读要认真、专注，按照要求，严格去做。可让学生先轻声地把课文读一遍，在读的过程中，识字学词。开始时朗读要慢一些，声音也不要大，一段一段地读，逐段扫除阅读障碍。字音读准了，词语基本读懂了，把句子能读通顺了，声音可以放得大一点，响亮一点。要注意倾听自己的朗读，做到不丢字、不添字、不读错、不读颠倒。

三是练习流利地朗读课文。在正确朗读与有感情朗读之间，必须加上"流利朗读"的环节。在学生正确朗读课文的基础上，让学生再练读几遍，争取把课文读得比较通畅、熟练，越熟越好。如果学生能把课文读得滚瓜烂熟，之后再跟着老师深入阅读，那将更省劲。所以，流利朗读课文的关键，是教师要采取多种方式调动学生朗读课文的积极性，因为朗读课文是比较累人的事，要用声、用气、用力、用心。学生有了积极性，有了兴趣，才会不厌其烦地去多读几遍。

2. 教师有针对性地进行检查。

从听课中发现，许多教师无视教之前的学，第一课时，让学生自由朗读一遍课文，便不顾学情，一遍一遍地、盲目地教生字，读词语，男生读，女生读，个别读，齐读，开火车读。生字词读了一阵子，然后不论朗读的难易，年级的高低，一定要让学生分节朗读课文。这是典型的形式主义教学。在学生自读的基础上，教师的检查要有针对性。

一是检查学生是否能把课文读得正确。学生充分地自读以后，先是对学生容易读错的一些生字词进行检查或提示，然后根据学生年段的不同以及课文朗读的难易，灵活地检查学生的正确朗读课文情况。一、二年级的学生，基本上每一课都要进行检查，在检查的过程中，引导识字、学词，把课文读好。对于低年级学生，识字、学词、朗读是教学的重点。对于三、四年级的学生来说，不是每篇课文都必须检查正确朗读的情况，只检查那些生字词比较多、长句比较多的课文，一些简短易读的课文可以不检查。对于五、六年级的学生来说，他们有了比较强的自学能力，多数情况下可以不检查学生的正确读课文情况，尤其对一些篇幅较长的课文。

二是检查学生是否能把课文读得流利。学生能把课文正确地朗读了，如果读得还不够流畅、不够熟练，不具备理解课文的条件，这种情况下，我没有让学生越过"流利"，直接进入把握全文大意的环节，而是再给学生留出三五分钟或多一点时间，争取把课文读得比较流利、通畅、熟练一些。学生能把课文念熟练了，才能达到苏教版小学语文教材主编张庆老师所期望的那样："把课文读熟了才开讲！"

（三）有感情地朗读课文，要下大力气。

从听课中发现，当前学生之所以不能把课文读得有感情：一是缺乏熟读课文的基础；二是教师在教学中引导学生时只是注重内容的理解，注重考试可能考到的知识点，却不能从容地引导学生品味语言、习得表达、训练读写技能。情感寓于语言中，只有透彻领悟了语言运用的秘妙，才能深刻地体会课文的思想情感，进而有感情地朗读课文。下面我以人教版语文教科书四年级上册《那片绿绿的爬山虎》教学为例，谈谈我是如何引导学生有感情地朗读课文的。

1. 品读词句运用，体会思想感情。

在学生正确、流利地朗读课文，整体感知课文大意的基础上，开始进入课文部分，品读词句的运用，体会文章的情感。我在指导学生品读课文的过程中，关注一些重点词句的运用。

（1）品读1—5自然段。

1—5自然段，写叶圣陶先生给"我"修改作文的事。自由轻声地朗读这一部分，想一想"我"看到了叶老对作文的修改，阅读了叶老的简短评语，"我"从叶老身上学到了什么东西？产生了什么感情？教师引导学生重点品读以下词句。

第2自然段，联系上下文，体会这一自然段的最后一句"你看看叶老先生修改得多么仔细，你可以从中学到不少东西"，与2—5自然段是一种什么关系？（总分）这样写有什么好处？

第3自然段，"我打开本子一看"，为什么"一下子愣住了"？把"一下子愣住了"这句话去掉，文章也能说得通。这句话的运用在这里起什么作用呢？

第4自然段，写作者回到家仔细地看叶老的修改，作者又发现叶老从哪几方面给自己的作文作了修改呢？如果你就是当时的作者，你会有什么感受呢？

第5自然段，从叶老对作者作文的评语中你会得到写作上的哪些启迪呢？可以联系自己的作文实际想一想。

品读1—5自然段，把理解内容、体会感情、学习运用相结合。我让学生认识到，理解语言是学习运用的基础，学习运用是理解语言的目的。理解与运用的过程中，指导朗读贯穿始终。

(2) 品读6—10自然段。

从课题看，文章是写景的，但主要内容不是写景，而是写人记事。既然题目是"那片绿绿的爬山虎"，课文中一定要有对爬山虎的描写，这些句子主要在6—10自然段。请默读课文，把这些句子找出来，读一读，体会一下，这些描写爬山虎的句子对写人记事有什么作用。——学生默读课文，体会、交流。

第7自然段："刚进里院，一墙绿葱葱的爬山虎扑入眼帘。夏日的燥热仿佛一下子减去了许多，阳光都变成绿色的，像温柔的小精灵一样在上面跳跃着，闪烁着迷离的光点"——表达了作者来到了叶老的庭院，即将要见到叶老时的激动、高兴的心情。学生动情地读好这几句话。

第9自然段："落日的余晖染红窗棂，院里那一墙的爬山虎，绿得沉郁，如同一片浓浓的湖水，映在客厅的玻璃窗上，不停地摇曳着，显得虎虎有生气。"——衬托当时"我"与叶老交谈时的亲切氛围，体现出浓浓的情意，让人感到特别的温暖。学生深情地、亲切地朗读这几句话。

第10自然段："在我的眼前，那片爬山虎总是那么绿着。"这句话是课文的最后一句，从这里再次对爬山虎的描写可以看出，对叶老的所见、所闻、所感永远留在了"我"的脑海中，叶老的音容笑貌、亲切教诲，一直在激励着"我"前进。——学生以感激、敬仰的心情朗读这句，之后再朗读第10自然段。

男、女生对读课文的第7、9、10自然段叙事与写景的句子。朗读每一自然段，先是男生读叙事的句子，女生读写景的句子；把三个自然段对读一遍之后，再调换一下，改为女生读叙事的句子，男生读写景的句子。这样，通过男、女生的轮流对读，让学生深刻体会三处景物描写所表达作者情感的变化。

品读6—10自然段，我让学生明白：在品读语言、体会情感的同时，要悟表达，学习作者借景抒情的表达方法，聚焦语言文字的运用，提升语文学习能力！

2. 把握朗读基调，有感情朗读全文。

真正有感情地朗读课文，应该是对全文的朗读。我让学生迁移与运用，是在学生真正有感情朗读全文之后。

（1）体会课文的主题思想，把握朗读基调。

同学们把课文的前后两部分内容联系起来思考，这篇课文表达了作者什么样的思想，抒发了什么样的情感？——本文为回忆文章，分为两个部分：前一部分（1—5自然段），先见其"文"，未见其人，从其"文"初感叶老的一丝不苟；后一部分（6—10自然段），见其人，闻其声，深感叶老的平易真诚。从叶老身上"我"懂得了如何为文、为人的道理，这是作者思想情感上最重要的收获！因此，我们朗读这一课，应怀着无比激动、感动的心情。

（2）有感情地朗读全文。

学生体会了思想，把握了情感，再有感情地练习朗读全文，进行朗读展示、比赛、赏评。学生有了这个过程，一定会对课文的思想内涵有了进一步的深刻的把握。

我们每教一篇课文，学生都能朗读得正确、流利、有感情，都能对课文的思想内容有了深入的理解与体会，才能逐步达到语文课程标准的目标要求。我的阅读课一定不是大家所期望的那么漂亮，一定有不少的瑕疵。但我愿通过本人的行动与探索，表达一种理念，一种追求，一种对当下语文课堂的热切期盼！我的阅读课，少有花里胡哨的东西，不刻意地展示"好看"、"好听"，而是真诚地探寻扎实、朴实、实效，一定要让学生把书读好，过了读书的关。语文课要真正让学生留下朗读，留下情感，留下语言，留下方法，留下能力，为孩子的长远发展和终身发展奠基！

（四）培养良好的朗读习惯，是最为重要的教学举措。

多年的教学使我深深地体会到，所谓的能力，其实就是良好的习惯。没有达到习惯成自然的地步，只是让学生勉强地、暂时地做一做，不能算是真正的能力。在语文教学过程中，我不仅注意培养学生正确、流利、有感情地朗读课文的基本能力，而且还以发展的眼光，持之以恒地培养学生良好的朗读习惯。我是怎么做的呢？

1. 不断地对学生讲清把课文读好的道理。

我们看电视一般都有这个体会，某一产品的广告，在电视里今天播，明天播，这个台播，那个台也播。这种产品的性能、优点天天进入你的视线，萦绕你的耳畔。你本来不怎么了解它，不知不觉，你就逐渐了解它了，喜欢它了。进商店买东西，本来没打算买它，出于好奇，你可能也要把它买回家用一用，试一试。女性的这种心理特别明显。听得多了，也就信了；相信它了，就有行动了。我们如果以商家做广告的耐心，去对学生做语文的"广告"，想必也会让学生相信语文、喜欢语文、学好语文。学生经常听老师讲朗读，他一定会想到：朗读有什么好处？为什么那么重要？为什么老师天天把它挂在口头上，一脸虔诚严肃地讲给我们听？学生真正明白了朗读的道理，他们才会从不理解变成理解，从不喜欢变成喜欢，从被动变为主动，从消极变为积极。对学生进行朗读目的、意义的教育，要从小抓起，从一年级抓起，中、高年级要继续进行，以防反弹。下面几个朗读的道理，我经常向学生宣讲。

（1）朗读能让我们多识字、多认词，扩大我们的词汇量。

（2）朗读还能帮助我们理解词，理解句，理解课文，能帮助我们走进作者的内心，发现文章的本真。

（3）把课文朗读好，是我们积累好词佳句、规范个人语言、丰富语言仓库的最佳渠道。

（4）朗读是一个小学生学好语文的第一标志。朗读不过关，语文就没学好；语文没学好，就不是一个好孩子。

（5）要想能说会道，口若悬河，请把课文朗读好吧！朗读好，讲话好，你会更有魅力！

（6）我们把课文朗读好了，才能找到语文的家。连课文都没读好，就摸不着语文的门，找不到语文的家，你成了无家可归的人了。

（7）朗读是运用自己的创造性劳动，把优秀作品向别人传播，以高尚的思想影响人，为社会输送正能量，贡献自己的一份力量！

（8）把课文朗读给别人听了，打动人了，体现了自己读书学习的价值，这是一件大好的事情，也是一件让人无比快乐的事情。

这里要说明的是：①给学生讲学习语文的道理，也是语文教师的责任。我在听课中经常发现，一些老师在课堂上往往只要求学生怎么做、怎么做，不给孩子们讲为什么要这么做，学生一脸茫然，不知道为什么，学生便缺乏了自觉性、主动性。我认为这也是语文教学长期不够好的一个原因。动之以情，晓之以理，诱之以趣，导之以行，这是语文教学的基本思想，我们不应该忘记。②对学生宣讲朗读的意义，进行学习目的教育，不能空泛说教，更不能强行灌输，而是要在具体的一篇篇课文的学习过程中相机进行的。只有让思想认识的教育落地生根，才会开花结果。③给孩子宣讲学习的道理，教师态度要诚恳，语气要亲切，表情要温和，讲解要生动。少理性，多感性，少枯燥，多生动。这样的宣讲，学生才会入脑入心，化知为行。④也可以把朗读的"广告"张贴在教室内，走廊下，营造浓浓的朗读氛围。耳濡目染，作用大焉！

2. 一定要让学生明白把课文朗读好的具体要求。

听课中发现，初读课文时，教师要求学生把课文读正确、读流利，至于怎么读才能把课文读正确、读流利，老师却不讲。品读课文时，老师让学生把体会的意思、产生的感受有感情地朗读出来，至于怎么读才能把课文读得有感情，老师也不讲。回读全文时，老师让学生有感情地朗读全文，至于如何才能把整篇课文朗读好，教师也不讲。朗读是一项创造性劳动。老师不讲怎么朗读，只让学生盲目地去练，效果怎么会好呢？老师只提要求，不讲方法，只提任务，不讲路径，大糊涂教小糊涂，学生如何能读好呢？我在教学实践中，既给学生提出朗读的目标、任务，同时也结合具体的教学情境，不失时机地给学生讲一些朗读的方法以及朗读的要求。当然，也可以把朗读三个层次的要求，概括成几段文字，或几段朗读语录，展示在教室内外，让学生天天能看到，照上面去做。

朗读的总要求是"正确、流利、有感情"。其具体的要求,上海教育出版社出版的《小学教学全书》(语文卷,1995年12月版),给我们作了说明。

(1) 正确。朗读时,要精力集中,全神贯注,看清每个字的字形,用普通话,发音清楚响亮。读时要做到不丢字、不添字,不要将字、词读颠倒,更不要读错。

要做到读正确,特别注意形近字和多音字的读音。

朗读时,要吐字清楚,发音准确,音量适当,不要一字一顿,一词一顿,形成拉腔唱读。

(思考:根据我的听课情况,我觉得以上"正确"的要求,当前尤其要注意四点。一是让学生精力集中,全神贯注,有精气神,不能三心二意,马马虎虎;二是让学生发音清楚响亮,把嘴巴张开,把声音发出去,让人能听到朗读;三是不要丢三落四,多字少字;四是农村一些学校要注意纠正唱读。)

(2) 流利。朗读时不能结结巴巴,吞吞吐吐,语气要连贯、通畅、自然。

要读得流利,注意按词连读。把组成词的几个字看成一个整体,把几个字的音节连接着,一口气读出来,不要一个字一个字地"念"。

要读得流利,注意不要把句子读破。读句子时,要按照句子的各个成分读出句子中的停顿。

(思考:从听课情况来看,以上"流利"的要求,也要注意三点。一是对低年级学生,朗读课文以流利为主,这是硬性要求,必须达到,要加强训练。"正确"是基础,"感情"有点难,但若学生能把每篇课文都流利地、熟练地、通畅地读下来,也是一件可喜可贺的事情。我们要认真对待流利朗读的训练。二是对一些小男孩,尤其是那些性格内向、比较老实的小男孩,教师要耐心地提醒他们,读书不要吞吞吐吐,结结巴巴,要把课文利索地读出来。三是要注意课文中那些比较长的句子,生字词比较多的句子的朗读指导。教师备课要备朗读,提前发现学生可能在哪个地方读不好，教学才有的放矢，进行重点指导与训练。)

（3）有感情。朗读时能否做到有感情，是衡量学生朗读水平高低的重要尺度，也是鉴别学生对文章内容理解深浅的重要标准。有感情地朗读，应在停顿、重音、语调和语速上处理得当。具体要做到以下几点。

①注意停顿。朗读时有一定的间歇，这种间歇叫做停顿。停顿可以调节语气，增强语言表现力。停顿有三种：一是根据标点的停顿。顿号、逗号、冒号、分号、句号、问号、感叹号、省略号等，停顿的时间要有区别，时长不一。二是在读句时自然停顿，就是按词语间的间隔习惯而停顿。三是表达欢乐、悲痛、喜爱、愤怒等各种不同的思想感情的停顿。值得一提的是，停顿是声音上的间歇，不是感情上的中断。

②注意声音的轻重。为了明确表达一个句子的主要意思，就要适当地强调一些词，这就是句子的重音。朗读时的重读、轻读处理得当，把句子中要强调的词语读出重音来，就能更准确地表达文章的思想内容。一般来说句子中的修饰词语、关键词语要读重音。

③注意语速和节奏。朗读时语速太快或太慢，都不利于表达思想感情，不利于思考和理解。朗读的语速和节奏，取决于文章的内容，要根据事情的发展，作者思想感情的变化，运用不同的语速和节奏。比如，表达欢快或急切心情时，节奏要快些；表达沉痛或悲壮心情时，节奏要慢些。

④注意语调。不同的感情要用不同的语调来表达，这就要求我们把握住一篇文章的"基调"。文章内容不同，情感不同，朗读基本语调也不同。同一篇课文，不同思想内容的基调也可能不同。一般来说，叙述一件事情，语调要平缓、自然；表示疑问和惊讶，语调要高；表示请求、劝慰，语调要低；表示命令、决心，语调要坚定有力。

（思考：一是从长期的听课情况来看，上面感情朗读的具体要求和常识，我们的小学生能知道的是不多的，别说是学生，就是老师不能准确说出的，也大有人在。这是教师忽略朗读知识所带来的后果。不知如何行？先知而后行，行后才真知。这是求学之道，我们不可违背。二是从当前学生的感情朗读实际来看，以上四点做得都不够好。学生朗读一篇文章，不注意停顿，不注意轻重，不注意快慢，更不注意朗读的基调。听学生朗读，每篇课文基本上都是一个调子，没有情感上的变化。三是让学生把课文朗读得好，必须在学生对课文内容深入理解的基础上。没有理解，便没有朗读。在当前强调语言文字"运用"的热潮中，我们不可忽视"理解"，不可忽视理解课文的内容，体会课文的思想。理解好、体会好是朗读的基础，同时也是语言文字运用的基础。四是当前的语文课堂，要减少齐读，增加学生的自由朗读。教师要舍得给学生自由朗读的时间。五是教师要注意范读，低年级要注意领读。教师的示范、引领作用不可缺少。）

以上朗读课文的要求、方法、知识，看起来都是常识，是常识才容易被人忽视。生活中的常识、学习中的常识，往往是最重要的知识。我们要守住常识，践行常识，下决心把学习中的每一个常识都落实好。老师们，我们只有守住了上面的常识，才有可能守住了朗读，也就能找到语文的家。

3. 让每一个学段都过好朗读的关。

小学生朗读能力的培养，同体育场上的接力赛一样。低年级朗读好了，中年级才有可能朗读好；中年级朗读好了，高年级才有可能朗读好。一赢皆赢，一损俱损。从语文课标来看，三个学段朗读的基本要求，都是"用普通话正确、流利、有感情地朗读课文"，但是，低年级"学习用"；中年级"用"；高年级"能用"。三个学段不同的朗读要求如何把握？又如何在教学中落实呢？

（1）低年级："学习"用普通话正确、流利、有感情地朗读课文。

我的理解是："学习"用，即低年级的学生处于初步学习的阶段，要求教师耐心地教，形象地教，强调教师的指导、示范，重视朗读的过程性教学。这是朗读的起步。开好头，起好步，很重要。

第一，以教师的精彩朗读激发学生的朗读兴趣。

教师读给学生听，低年级更重要，因为低年级学生常常要老师给以范读、领读。教师读不好，如何能让学生读好呢？我建议，最好是多让那些年轻的教师教低年级。因为一般来说，年轻的教师，尤其是年轻的女教师，普通话好，朗读好，性格活泼，与小朋友容易交流。调查可知，小学生大多都喜欢年轻的女教师。可是，农村的一些学校，偏偏让那些接近退休的老教师教低年级，甚至让老教师教幼儿园。这是学校领导认为低年级语文教学没有中、高年级重要的一种表现。这些学校领导认为，低年级，课文浅显，内容简单，应该让老教师去教，而让年轻人往上跟，去挑大梁，把好出口的关。这种认识是错误的。小朋友未入学时，本来生动活泼，爱说爱笑，学校让那些方法陈旧、知识老化、整天没个笑脸的老教师去教低年级，教一个学期，学生便少了言语，少了笑声，少了学习的兴趣，也少了朗读课文的能力。总之，没有爱朗读、会朗读的教师，难以教出会朗读的学生。

第二，以教师的仁爱之心，化解学生的朗读之难。

现在农村学校，许多小朋友入学早，六周岁即入一年级。孩子不足龄入小学，不利于孩子的健康成长，给孩子的学习带来诸多困难，也给教师的教学增加了不少难度。因此，教低年级的语文教师，需要对孩子有更多的理解，更多的尊重，更多的同情，更多的帮助。低年级的老师，即为孩子的"妈妈"。老师捧着一颗爱心走进课堂，教语文，教读书，训能力，学生是能体会到的。一位很有名望的语文老教师深有体会地说，由于没有血缘关系，让老师真正地去爱孩子，是一件比较难的事。可是，一个有责任心的教师，他会拿出真爱的"样子"去对待孩子，去教孩子，强迫自己去爱，去做，这样爱长了，"样子"做长了，教师便会真的爱孩子了。教师如何才能让学生喜欢？一是对孩子好，二是有真本事，三是把孩子教好了，能力提高了，孩子才高兴，才会喜欢老师了。所以，教师有了仁爱之心，才有了教育的一切，才能克服学生在学习朗读的过程中遇到的这样或那样的困难。

第三，教师要偏爱中差生，给予更多的呵护、鼓励。

走进农村的班级你会发现，能把课文读得正确、流利、有感情的学生，不是多数，而是少数，班级有一半或三分之二的学生的朗读不能让人满意。我们教朗读，千万不能只顾那几个好学生，而抛弃了大多数；千万不能仅让几个好学生过了朗读的关，而大部分学生过不了关。这是一个教师的师德问题，不是小事情。课文学过了，大部分学生还没有把课文朗读好，怎么办？一是可以放慢一点进度，灵活教学，一旦学生有了能力，以后可以加快一点。低年级尤其要注意这样做，因为低年级是打好朗读基础的年级。二是可以利用早读课，专门指导训练，给学生补一补。三是可以把读好课文作为"夺星"、"摘花"的学习竞赛活动，对学生进行激励。总之，教师只有偏爱了中差生，关注了大多数，过了朗读的关，学生都学好了语文，他才会放心地说："我对得起学生了！"

（2）中年级："用"普通话正确、流利、有感情地朗读课文。

第二学段"用"，强调的是使用普通话进行朗读实践的过程，里面已经含有培养相关习惯的意思。

知易行难。如何让中年级的学生克服困难，进行持续不断的朗读实践，我注意了以下四点。

第一，多给学生实践的机会。

正确朗读不走过场，流利朗读不留空当，感情朗读不留遗憾。在学生实践的过程中，教师尤其要注意培养孩子的意志、耐力和持久力。因为朗读课文要放声，要费劲，要消耗体力。没有意志的努力，没有吃苦的精神，是读不好的。因此，教师在课堂上，要多给学生实践的机会，在实践中培养朗读的能力。

第二，让课文本身激励学生不断地进行朗读实践。

学生在深入理解课文的基础上进行朗读的实践，并在朗读的过程中不断想着课文内容。学生不是为朗读而朗读，而是为表达思想内容而朗读，为表达自己体会的情感而朗读。以情引读，读中生情。越读情味越浓。情味越浓，又越想读。

第三，让学生在朗读实践过程中注意反思。

自己读得怎么样，能表达课文的思想感情吗？学生在朗读课文的过程中，要边读边听，边读边想。假想自己是一位听朗读的人，自己读成这样，满意吗？吸引人吗？打动人吗？朗读中的反思，不仅有个人反思，也可以有同伴的反思。自己读给同伴听，让别人来评判，帮助自己反思。别人听了你的朗读，被感染了，才算朗读成功了；没被感染，要找找原因，再练习，再实践。

第四，教师的责任是严格检查。

学生朗读得如何，实践得怎么样，教师要有严格的检查。或抽查，或排好队一个一个地过。检查发现了问题，要帮助学生分析原因，及时补救。教师的补救要补出进步，补出干劲，补出快乐！教师的督促检查很重要！因为任何一个习惯的培养，开始一段时间的硬性规定、强制去做、督促检查，都是十分必要的。只有认真地、不间断地朗读实践，才有希望形成良好的朗读习惯。

（3）高年级："能用"普通话正确、流利、有感情地朗读课文。

第三学段"能用"，强调能力的达成度，要求达到正确、流利、有感情地朗读课文的水平。

完成第三学段的任务，我注意了以下几点。

第一，第三学段的"达成度"是一种怎样的度。

小学到了最后的一个学段，学生的朗读课文达到"正确、流利、有感情"的水平，是一种怎样的状态呢？——学生能把课文读得滚瓜烂熟，声情并茂，达到"其言皆出于吾口，其意皆出于吾心"的朗读境界。教师心中有了这样一种美好的朗读境界，才会自觉地去追求，勇敢地去攀升！

第二，有了扎实的基础才有高一级的"达成度"。

第三学段的老师在接手上个学段的班级以后，要首先看一看上个学段的学生是否达到了"用"的要求。若没有达到，应该在五年级第一学期开学后的几个星期，及时地弥补。基础没打牢，又没进行针对性的弥补，就会一步跟不上，步步跟不上。高年级教师一开始的检测、补救工作很有必要。

第三，如何让高年级学生实现朗读的"达成度"。

①有达成意识。高年段为"达成"年段，这个学段达不到朗读的要求，学生就没有机会了，学生就会把问题带入中学，也许学生一生都难以

达成。因此，高年级教师必须有强烈的"达成"意识：不达成，不罢休！

②堂堂清，课课过。当堂的朗读任务当堂要完成；一篇课文的朗读目标，在这一课一定要实现。不留学习的"尾巴"，不吃学习的"剩饭"。堂堂能过关，天天无后患；周周都达成，月月没遗憾。

③为了实现"达成度"，教师要从各方面作出努力。比如，高年级学生作业多了，不能只增加写的作业，要把朗读也当成一项作业，让学生天天读。高年级学生考试多了，不能只考书面的东西，也要有朗读的测试。把朗读课文列入测试的内容，学生才会去脚踏实地练习。还有，班级里可以经常举行诵读课文的活动。

④让学生把"读好书"化为自觉行为，达到自动化程度。高年级学生年龄大了，懂事了，教师要讲清道理，严格要求，认真落实，学生一定会主动去做。

低年级打好了朗读的基础，中年级继续扎实地进行朗读实践，高年级关注整个小学阶段朗读目标的达成度，这样，经过六年的培养，学生一定会形成良好的朗读习惯。实际上，大部分学生在五年级上学期，甚至还要早，便有了朗读的好习惯。不信，老师们可以做一做，试一试。

三、守住自己——我的备课

守住学生的朗读，教师首先要守住自己的朗读。从听课中我看到，别说是大部分学生不能把课文读好，我们语文教师能把课文读好的也不多。朗读出现的问题，表现在学生身上，而根子在教师身上。教师的备课，要好好地把教材多看几遍，多读几遍，尽量把课文读得好一些。语文教师备课，不要太依赖教学参考书，更不能只为应付检查，把语文备课变成了简单地抄教案。教案抄好了，放心了，再把课文粗略地看一下，就去上课，这是当前农村语文教师备课的一个普遍现象。只有备好课，才能上好课；只有教师朗读好，学生才能朗读好。教师有了良好的语感，有了丰富的语文素养，学生才会有好的语感，有好的语文素养。"我"即语文！我的朗读备课，主要从以下三方面做起。

(一)平时坚持诵读经典诗文。

县教育局为了让学生"读好书",编了《古诗背诵二十四首》(1—6册),总共144首。几年来,我从第一册起,逐册背诵。我还选读了《唐代名家诗选》、《毛泽东诗词集》以及《论语》。近日,我又开始背诵教育局、教育学会最新编印的《经典诗词六十首》(三册)。多年的诵读让我深刻地体会到:一个成年人,经常背一些东西,既能丰富语言,提高口语表达能力,又能锻炼记忆力,训练思维。这些都有助于课堂教学。

(二)每教一课,我都要把课文读得正确、流利、有感情。

教一篇课文,我一般是先借助工具书,扫除阅读障碍,做到正确朗读课文。在这个基础上,把课文多读几遍,争取读得通畅、熟练一些。有了这个基础,我便深入理解课文,品味语言,体会思想,领悟表达,练习有感情地朗读全文。教每篇课文,我一定要把课文读得声情并茂,读得让自己似乎忘掉了周围的一切,好像进入了另一番天地,读到"其言皆出于吾口,其意皆出于吾心"的程度。读到这个份上,再去考虑一下教学设计,撰写教案。可以这样说,我的备课时间主要花在读课文上。自己能把课文读好了,走进课堂才不胆怯,也有了教学的自信。

(三)要求学生背诵的课文,我一定要先背诵。

教师背给学生听,既能给学生讲出真切的背诵经验,对学生进行有效指导,又能以榜样的力量激励学生,调动学生背诵的积极性。教师背诵了课文,既利于教背诵,更利于教朗读。不信,你可以试一试!

对于学生的朗读,有人认为是旧话,旧话无须重提;还有人认为是小事,小事无须大做。可我认为,正因为朗读是旧话,才容易被那么多人忽视,被那么多人忘掉,才有那么多的学生不达标。我们连小事都做不好,何谈做好大事,语文学习中又有多少大事呢?总而言之,语文学习只有牢牢地记住正确的旧话,做好了一件件小事,朗读课文只有一步一步地去达标,去守好,我们才能留住语文的根!

强化默读
——引导学生"潜心会文本"

在片面应试的教育背景下,朗读被边缘化了,需要每一个有良知的语文教师去守住;守住朗读,即守住了语文的根。在世态浮躁的社会心理影响下,学校里的默读也被弱化了,需要每一个有静心的语文教师去加强;加强了默读,加大了思考,教会了学生"潜心会文本",才能从根本上提升语文阅读教学质量。

一、默读教学的问题

默读,从本质上讲就是"心读",就是一个人在那里静静地安心看书。默读是理解阅读材料,把握文本内容,体会思想感情的一项非常重要的读书方式。教育专家何以聪认为:"学校里的默读训练,是培养学生阅读能力和思维能力的有效手段,是独立阅读的主要方式,也是最经常使用的一种阅读方式。学生有了一定的默读能力,是他们以后从事学习和工作的必要条件。"这就是说,默读及默读训练,对学生的语文学习,乃至将来的成长发展,至关重要。但通过长期去学校听课,我发现课堂上学生的默读是不尽如人意的,存在着这样或那样的问题。默读教学问题多,效果差,必然造成语文阅读教学的效果也不好。那么，当前默读教学存在哪些方面的问题呢？

第一，默读教学不被重视。

有一年，一个学习参观团去辽宁盘锦听魏书生老师讲课。上课了，魏老师简单地交代了学习任务及学习要求，便让同学们自学，让大家静静地读书、思考、作批注，而魏老师则在学生行间轻轻地走动，不时地躬身与学生低声说些什么。一节课45分钟，学生自学看书的时间占去三分之二，剩下的时间是交流及教师的引导。教师讲解的时间极少，前后不超过10分钟。下了课，一些听课的老师后悔了，认为不该来，说这听的是什么课，本来想听一听魏老师是怎么讲课的，他却讲得极少，都是让学生静静地自学。

其实，魏老师的语文课正体现以学生为主体、以教师为主导的教育教学理念。他的语文课以学生的自主学习为主要形式，真正切合新课改的要求，是备受学生欢迎的好课。他的语文课，老师讲得少，学生学得多，而考试成绩却位居全市榜首。我们一般老师所认为的好课，则是看教师的教学设计如何得精巧，教师的讲解如何得生动，学生的发言如何得热烈，课件的展示如何得漂亮，师生的对话如何得精彩。一句话，老师们所认为的"好课"，是"热闹"的课，是"好看"的课，是不断赢得掌声的课，笑声的课，而不是朴实、扎实、真实有效的课。我经常与老师们一块儿听课，发现老师们最不喜欢课堂上的"冷场"，就是不想"看"全班学生都在静静地默读、看书，只想"听"，听教师讲，听学生说，听学生与老师热烈地"对话"。尤其是一些公开课，我们看到学生在教师一环扣一环的教学环节操纵下，走马观花似的学习，很少有整块时间朗读课文，更难看到学生用整块时间默读课文。到学校，我还经常在教室外边"偷"听课。在教室外我听到最多的还是老师用整块时间高一声、低一声地讲，很少听到学生的读书声。教师讲过以后，教室比较安静时，一般是学生在做练习，写作业，而不是在静静地读书。

人民教育出版社资深编审周正逵先生认为："我们学语文花那么多时

间,假如老师少讲一点,学生少听一点,老师少问一点,学生少说一点,多读读书、多背背书,学生自然会留下许多东西。"社会心理的浮躁,带来教师心理的浮躁,必然造成语文教学的浮浅。语文教师不认识默读学习的意义,不重视默读教学的实施。默读指导的缺位,默读训练的轻忽,学生的"浅阅读",最终导致语文课堂教学质量下降!这是一个严重的问题!

第二,默读教学流于形式。

老师们不重视默读,指的是教师在课堂上不安排默读,或极少安排默读;默读教学流于形式,指的是教师安排了默读,但默读教学不扎实,走了过场。

默读教学流于形式,最突出的表现是,学生默读课文的时间短。一位三年级教师教《盘古开天地》,学生正确、流利地朗读了课文之后,教师让学生默读课文,准备讲一讲这个故事。——我计了一下时间,学生只默读了不到一分钟,教师便让学生讲故事。结果,没有一人敢举手。实际上,别说是学生,就是我们教师,要我们讲一讲这个故事,也必须默读三五分钟。一位六年级教师教《唯一的听众》一课,在学生把握了主要内容以后,教师让学生默读课文,思考:从这位老妇人的语言,你体会到这是一个什么样的人?——我看了一下时间,学生才默读了一分钟,教师便急着让学生交流、汇报。从人物的语言体会人物的品质,可不是一件着急的事,更不是一件容易的事。一两分钟能体会、品味出什么?这种流于形式、走过场的默读教学,从根本上讲是起不到什么作用的。

第三,默读教学效果差。

当前的小学语文课,活跃有余,安静不足;听说有余,读写不足。读写不足,主要是学生充分地读书、读写结合的不足。不重视默读、流于形式的默读,都不会有好的教学效果。

默读教学的效果差,从阅读教学的结果可以看出来。学生学过的课文,之所以不能有感情地朗读下来,主要原因是学生对课文的体会不够。体会课文的思想感情,不仅需要朗读,更需要默读。只有全神贯注,细心默读,静心思考,联想想象,才可能真正走进人物的内心,体会人物的情感，与文本产生共鸣，然后再运用恰当的朗读技巧，把从作品中体会的感情表达出来。不下一番功夫，不沉下心理解、体会，只是大声、小声地哇啦哇啦朗读，往往是傻读、呆读。通过长期的课堂观察，我得出结论：当前的中小学生，沉潜于文本，耐心深层次地与文本对话的功夫，是远远不够的，能力也是缺失的。默读的低效，一定会造成阅读教学的低效。

二、存在问题的原因

默读教学存在着严重的问题，除了教师重视不够，没有真正认识默读的重要意义外，还有以下三个方面的原因。

第一，教师本人默读能力的退步。

当前学校里有不少教师自己不会真正地默读，没有默读的良好习惯。农村学校里人所共知的现象是：许多教师的语文备课即是抄教案，或者把主要精力放在抄教案上。教案工整地抄好了，可以应付领导检查了，教师便可放心了。然后再去粗略地看看课文，浏览一下教学参考书，就上课。甚至还有一些教师，把教学参考书带到教室里，在讲台前一边看教参，一边讲给学生听，现学现卖。教师在学校里的阅读，主要是读教科书。这样长期地马马虎虎地读教科书，很少潜下心来去研读，默读能力怎么能不退步呢？良好的默读习惯如何养成？教师本人默读能力的欠缺，习惯没养成，要说能教好学生，这是很难让人相信的。

第二，学生手中学习辅导书的泛滥。

我在听课时经常看到，学生书桌上一般都有《小学语文教材全解》、《课课通》、《课课练》之类的学习辅导书。课堂上教师提了一个问题，让学生默读课文，许多学生不是认真地读课文，而是看学习辅导书，回答问题便是念答案。家长给孩子买了几套学习辅导书，这些辅导书本来是辅助孩子学习的，仅仅起一个辅助作用，但孩子们却把这些辅导书当成了对付学习的现成答案。老师们无奈地告诉我，班级里能正确使用辅导书的孩子是极少数。学习辅导书成了阻碍孩子深入学习、用心思考的绊脚石，成了孩子变懒、变笨的罪魁祸首！

第三，默读教学研究的单薄。

我订了《小学语文教学》、《语文教学通讯》（小学刊）杂志，我想从这两种期刊上查找有关默读教学方面的文章。结果，这两种期刊我查找了四个年度的，总共2600多篇文章，竟然只有两篇是专门写默读教学的。默读教学研究的极为单薄，可以看出大家对这一块的研究是不是忽略了。杂志上有不少研究"教什么"、"怎么教"的文章，研究语言文字运用的文章，但却很少见到研究读的文章，尤其是默读教学的文章。我们应该关注默读教学的研究，改进默读教学方法，促进默读教学的有效实施，提高默读教学质量。

三、我的默读教学探索

众所周知，小学语文阅读教学，应该"读"占鳌头，这里的读，不可简单地认为只是朗读。小学低年级主要是朗读，而中、高年级是朗读与默读交替进行。年级越高，年龄越大，学生的默读越是多于朗读。我是如何理解默读教学，并在教学中适时地引导学生默读，"潜心会文本"的呢？

（一）默读教学"三思"。

一思：关注默读，就是关注学生学习的主体地位。

"以学生为主体"的口号，我们喊了二三十年，但真正落实了吗？没有！现在一些地区、一些学校进行了课堂教学改革，诸如"先学后教"、"翻转课堂"、"导学方案"等。这些改革的核心目标，就是努力把学生的学习置于主体地位，让学生能够主动地学习，让教师真正成为一个组织者、引导者。这些先行改革的学校进行的探索是十分可贵的。但总的来说，许多教学改革，还处于探索阶段，真正成熟的、具有普遍意义的、国家正式推广的做法还是太少。再者，从全国来看，这些改革的学校还毕竟是少数，绝大多数的学校、班级，还是老面孔，还是以教师的讲解为主，学生的听记为主。课堂听记以后，下了课大量地写作业、做练习。总的来说，我们的课堂落实以学生为主体的地位，还做得很不够。

课堂上落实以学生为主体的学习地位，就小学语文阅读教学来说，即以学生的读书为主。学生的读，有放开声音的朗读，也有静心思考的默读。朗读是学生最基本的语文学习技能，而默读则是学生必须具备的最常用的一项学习技能。所以，小学语文阅读课堂，关注读书，重视默读，恰是落实"以学生为学习主体"的一个抓手。关注了默读，十分有利于培养学生的自主学习能力。

二思：关注默读，就是关注学生思维的发展。

现在语文老师大都有这样的体会，认为学生的思维能力好像比以前的孩子下降了，记忆力好像没有以前的孩子强了。课堂上老师提了一个并不太难的问题，让学生读书、思考，准备回答，结果，许多学生不愿举手，有的举手回答，要么比较肤浅，说不到点儿上，要么人云亦云，重复别人说的意思。一篇不太长的课文，让学生会念会背，竟有几乎一半的孩子念了两三天，还是不能流利地背下来。现在懒得动脑、不会深入思考、不愿刻苦学习的学生似乎在增多。

学生思考力的下降，与学生的学习心态、学习行为、学习方式有关。改变这样的现状，我们可以把默读作为突破口。因为默读，即是以思考为主要方式的读。思考，是语文学习的总开关。没有思考，就没有理解；没有思考，就没有体会。思考理解内容是体会领悟情感的前提和基础。叶圣陶先生曾经告诉我们："一口气直往下读，不如每读一段，稍稍停一停，回过头去想一想这一段主要说了什么。一口气往下读往往不能消化，好像囫囵吞枣一个样；停下来想想就像咀嚼一个样，才能辨出真的滋味来。"没有思考，就没有默读。反之，我们强化了默读，就等于强化了思考，训练了思考，提升了思考，发展了思考。老师们，要想让学生有一个会思考的大脑，一个聪明的大脑，请关注默读教学吧！

三思：关注默读，就能确保语文课堂教学改革的健康发展。

经过十几年的课改，重视朗读早已成为语文界的共识。因为应试教育的干扰，尽管效果不是多么显著，但起码大家有了语文课应该重视朗读的意识。一些学校、一些班级在这方面做得还不错。但是另一个倾向却又出现了，那就是学生沉下来读书，尤其是静思默想的机会少了。这样，就造成了学生对文本的体验和品味十分的不够。课程改革专家温儒敏先生说："语文课堂有时要'书声琅琅'，有时却要'鸦雀无声'。"只有把朗读与默读结合起来，才能提升语文课堂教学质量，才能确保语文课堂教学改革的健康发展。

所以我认为，只有教师本人对默读教学有正确的认识，对默读的作用有充分的估量，强化默读意识，提升默读地位，才能在课堂教学中主动、积极地引导学生，适时地运用默读，沉潜文本，思考文本，融入文本，走进文本的"心"。尤其在当前浮躁的课堂内，我们更应该找回默读，珍惜默读，加强默读指导，增加训练机会。我们应该强化默读教学，收拢学生的躁心，养成学生的静气，让学生安下心来读书、读书！

(二) 默读教学"六法"。

课堂教学中有这种现象：老师提了一个问题，让学生默读课文后回答，而学生是怎么做的呢？有的学生不是默读，而是轻声朗读；有的学生低头看书一会儿，便心不在焉，时不时地抬头看看别人；有的学生不知道动笔，不知道往哪儿圈画；还有的学生没有把课文看完，便急着举手发言，结果说得极为片面。以上种种现象都不是正确的默读方法。默读方法不正确，必然带来不良的默读效果。为了提高默读教学效果，我在课堂中运用了六种教学法。

1. 让学生安静下来，做好默读的心理准备。

如果上一个环节是学生初读了课文，学生能把课文正确、流利地朗读了下来，下一个环节让学生默读课文，准备概括课文的大意，那么在上下教学环节的转换中，教师的教学过渡语言，声音要放低一些，语气要舒缓一些，语调要亲切一些。我放低声音亲切地告诉学生："同学们，刚才我们已经能正确、流利地朗读了课文，下面请大家再默读课文，看看课文写了一件什么事，看哪位同学能够沉下心来看课文，思考老师提的问题。"

教师平心静气、亲切舒缓的教学语言，能给学生的读书构造一个"场"，让他们做好安心读书的准备。这个教学细节是不可忽视的。咱们平时说教师上课的教学语言，要抑扬顿挫，轻重缓急，就是根据教学内容、教学情境而确定的。什么样的教学内容、教学情境，适合什么样的教学语调，教师要好好地琢磨一番，因为它们会影响教学效果。

2. 给学生留出比较充足的默读时间。

学生的心急往往是教师追赶的。教师经常在课堂上一个环节接一个环节地"追"学生，学生便养成了心急的习惯。因此，要让学生改掉默读课文沉不住气的坏习惯，教师必须给学生留出充裕的时间。尤其是中、低年级的学生，他们正处于学习默读的阶段，教师更不能心急。实际上，让学生联系上下文理解关键词句在课文中的含义，把握课文的主要内容，体会课文的思想感情，复述课文，总结课文等，对于小学生来说，这些都不是一件容易的事情，甚至是一件比较难的事情，教师要有充分的估计。课堂上，教师要有"教会"而不是"教过"的教学思想，让学生充分地读课文，思考课文，准备好了，组织好语言了，再让学生举手回答。过去听课我发现，由于时间不充分，学生站起来回答问题时，磕磕巴巴，吞吞吐吐，下句不接上句。学生默读课文时，不仅要想好"说什么"，还要想好"怎么说"。这样，才能降低学生默读过后汇报交流的难度，提高汇报的质量，树立学习的自信！

3. 如何让学生远离"三不"？

学生一开始学习默读，要做到"三不"，即不出声、不动嘴唇、不指读。这"三不"要求看似简单，但对于初学默读的中、低年级的小学生来说，要真正做到，可不是一件容易的事情。有的学生默读时爱用手指指着，一字一词地读课文，读到哪里指到哪里。有的学生总是想发出声音，或者读着读着就想出声，声音越来越大，以至于变成了朗读。对于解决默读时"三不"的问题，我在教学中主要从以下几个方面做起。

（1）任务简明，内容集中。

小学二年级下学期，学生开始学习默读。一开始默读，我只让学生读一段话，并且提出明确、具体的要求。如请同学们默读这段话，看看这段话有几句，每句说的是什么意思，这段话说的是什么意思。默读的文字不多，比较集中，而且带着明确、具体的任务，这样，学生默读时不感到困难，乐于去读，愿意集中注意力，静静地思考。否则，默读的材料比较长，段落比较多，内容比较散，且老师提的问题又比较空泛，低年级的小学生完成起来有难度，他们往往不顾默读时"三不"的要求，随心所欲地去读。即使是中、高年级的学生，老师对学生提出的默读要求，也应该明确、集中，少提那些大而不当的问题，诸如"默读课文，理解这几段的内容"，"默读课文，读懂这个人物"，"默读课文，了解这件事"，等等。

(2) 教师带读，学生目视。

一开始的默读训练，我还经常采取教师轻声带读法，即教师轻声朗读，学生眼看课文，嘴不要出声，提醒学生不要用手指着文字。这样做，实际上就等于教师帮助学生出声朗读了，学生只需看老师读的文字，思考老师提的要求，一心一意考虑如何回答，其他方面无须做什么。经过几次这样的训练，学生的默读便可做到"三不"。

(3) 动嘴不出声，渐渐嘴不动。

考虑学生年龄比较小的实际，我一开始的训练还把"三不"的要求减为"两不"，即学生默读允许动嘴，但不要出声，不要动手指。学生动嘴不出声的默读，也是为了让文字能"咬"住学生，集中精力，收住学生的心，思考读物的意思。学生把一段话读完了，有了初步的思考，然后再专心思考。任何教学方法都只是一个原则性的要求，具体实施时，要根据本班的学情，灵活运用。

4. 怎样让学生在默读中进行有效的思考？

默读的主要特征为思考，把思考的作用发挥到最大化，才能提高默读的最大值。我在教学中从三方面做起。

(1) 有停顿才有思考。

让学生默读一段话或一篇文章，我要求学生读到哪句话，或哪一段，稍微停一下，想一想，自设一些问题，如这句话说的是什么意思，这几句之间在意思上有什么联系，这一段话讲的是什么，段与段之间是一种什么关系，这几段话合起来说的是什么意思，整篇文章说的又是什么意思，作者为什么要写这段话，为什么要详写这段话，为什么要写这篇文章，这篇文章去掉一段可以吗。停下来思考即停下来设问，想想如何回答即是思考。停下、设问、答问，思考便介入其中，默读便有了效果。

为了训练学生养成默读时停下来思考的习惯，我平时要求学生严格做到：默读文章不要一直往下读，要读有目的，读有任务。带着任务去阅读，带着问题找答案，读一段有一段的效果，读一篇有一篇的收获。按照这个要求严格去做，训练三五个星期，学生便可掌握"停下、设问、答问"的默读模式，默读教学便可收到明显的效果。

（2）以动笔促思考。

"不动笔墨不读书"，这是教师人人皆知的一句话，也是绝大多数学生知道的一个读书方法。可是学生在读书时能真正做到且做得比较好的，又有多少呢？我曾经到学校里作过调查，老师们告诉我，学生能做到"不动笔墨不读书"的极少，绝大多数学生没有养成这个读书的好习惯。许多学生读书，心态浮躁，匆匆忙忙，浅尝辄止，甚至有的学生读了一会儿便东张西望，更别说边读边埋头动笔思考了。当前学生的读书有比较强的依赖性，好像没有老师在前边讲着、牵着，他就读不下去了。那么，我是如何培养学生"不动笔墨不读书"的良好习惯的呢？

一是教师对学生不仅提出要求，而且加强指导与训练。通过经常听课，我发现学生身上许多的读书毛病，都是教师没有严格训练产生的。一些教师，对学生要求得多，但关心指导得少，训练得不够。因此，好的读书方法很难掌握，读书能力很难形成。学生默读课文时，我让学生动笔画什么，写什么，默读结束之后，我又让学生读出他画的词句，写的内容。有时，我还让学生把默读的书页亮出来，让大家看一看，看谁留下的痕迹比较多，而且还比较有用，看谁写得比较多。就这样，有要求，有落实，有检查，有评比，一段时间便可见效，学生慢慢会养成"不动笔墨不读书"的好习惯。

二是让学生动笔画什么，写什么，教师要好好地思量。老师们告诉我，学生默读课文时，如果不给学生明确指出画什么，写什么，即使是高年级的学生，也只是画一些他自认为的好词好句，写一两句比较肤浅的东西。这就是说，学生默读时的动笔是极不理想的。教学中，我让学生画什么、写什么，一般根据当时的默读任务。不过，从课标的教学目标与内容看，学生在阅读理解课文内容的过程中，三个学段也有相对稳定的关注内容。

低年级：可以让学生在一段话里，找出重要的词、句子，画下来，并联系上下文或生活实际，想一想这些重要的词句在课文中是什么意思。也可以让学生画出自己喜欢的或比较感兴趣的词、句子，想一想喜欢的理由。低年级理解课文的重点是词句，尤其是重点的词句。学生默读时，把重点的词句找到了，画下了，思考理解了，往往也就把握了一段话的意思。

中年级：可以让学生通过默读一段话、几段话或一篇文章，找出这一段或这篇文章的中心句、关键句、中心段、重点段等。想想这些中心句、重点句、中心段、重点段，在全段、全篇文章中，起到什么作用。也可以让学生在文中画出不理解的句、段，作为待会儿听课学习的重点。或者在文中画出比较优美的句、段，想一想这些优美的句段美在哪里。如果让学生在文中写点什么，可以写从这些句、段体会到了什么意思，什么思想，由此联想到什么。中年级理解课文的重点为关键的词句、重点的段落，包括自然段和意义段，把握主要内容、体会思想感情。这是为理解篇打基础的。因此，可让学生默读课文时关注以上这些内容。

高年级：可以让学生通过默读课文，找出含义比较深刻的词或句子，并根据具体的语言环境，推想这些词句的含义，辨别感情色彩，体会表达效果；可以在文中标注一下文章表达顺序，找到能表明表达顺序的一些关键词句；也可以在文中写出自己对一句话或一段话的理解、体会或文章的主要思想，以及领悟出的基本的表达方法等。阅读叙事性作品，可写点阅读感受；阅读说明性文章，可找出说明的要点，写出说明的方法；阅读诗歌，可以写出一节的诗意及全诗的大意。总之，高年级学生的默读，应该关注篇章，从全篇文章的角度，从不同的文体，读出对内容的理解、情感的体会、语言的表达。

（3）要让学生想好怎么说。

默读结束了，老师让学生汇报交流时，学生一时语塞，像似"有货倒不出来"。学生在课堂上"说"得不尽如人意，主要原因在于教师没有提示学生想好怎么说，在头脑中组织好语言。因此，默读教学中，教师不能只是关注阅读的成果，还要给学生留出一定的时间，让学生想好如何把默读的成果有效地表达出来。这同样是一个不可忽视的问题。我在教学中，把"怎么说"作为学生默读思考的一项重要内容。让学生读得好，想得好，还要能说得好，进而体会默读的乐趣。

5. 怎样提高默读的速度？

大家知道，默读和朗读相比，不仅增加了思考，利于理解，而且比朗读要快，能提高速度。语文课程标准在第三学段提出了这方面的要求："默读有一定的速度，默读一般读物，每分钟不少于300字。""每分钟不少于300字"是一个什么概念呢？以人教版小学语文教科书第三学段课文为例，我选择了几课没有插图、没有注释、下方没有生字条的页面，进行了统计，满满当当一页文字，大约500字。而实际上许多课文有插图、有注释、有生字条或"小泡泡"什么的。这样看来，一般的课文，每一书页大约有400字。这就是说，学生默读一般的课文，每页文字也只是用一分钟多一点，不能超过一分半钟。在这个比较短的时间内，就应该能完成默读的任务。经过仔细分析我们发现，课标对默读速度的要求，应该是不低的。在平时的教学中，教师不经过严格的训练，学生难以达到课标关于默读速度的要求。那么，我是如何提高第三学段学生默读速度的呢？

第一，教给方法，训练技巧。

接到默读任务后，立即投入默读，全神贯注于所读的那部分内容，以句群或自然段为单位，甚至可以跳行、跳段，眼疾手快，加速思考，迅速从读物中寻找答案。我经常在每周一节的读书课上，进行比速度的默读训练。学生在"比"的情势下，默读速度往往会成倍增加。比速度、比效果，最后比出的是能力、是智慧。经过几次这样的训练，学生的默读速度明显提高，学生的大脑越来越显得灵敏了。

第二，年级不同，要求有别。

五年级和六年级，别看只差一年，可是学生的学习能力却大有不同。许多孩子到了六年级，尤其是六年级下学期，学习能力上升很快。他们大都具备了独立的默读能力，基本上能在规定的时间内完成学习任务。根据这个实际的学情，对五、六年级学生默读速度的要求，应该有所区别。五年级着重在指导、训练，六年级尽量放开学生独立完成。比如，五年级上册第26课《开国大典》，课后练习有这样一个要求："默读课文，画出文中描写毛主席动作和群众反映的语句，并说说你从中感受到了什么？"——这篇课文比较长，完成这项任务，五年级学生需要默读6—7分钟，而六年级学生只需要默读3—4分钟，即可完成。

第三，能力不同，要求有异。

默读速度与默读能力成正比。默读能力越强，默读速度越快，反之越慢。学习同一篇课文，我在城里的学校上课与去农村的学校上课，默读时间的要求是不一样的；农村乡镇中心小学与村小教学点还不一样。学习任务都一样，但学习的快慢可以有所不同。面对不同的学情，提出不同的要求，采取不同的方法，才能收到理想的教学效果。

第四，文体不同，要求也不一样。

教科书上的课后练习中，凡涉及默读训练的题目，一般没提出时间的限制，教师可根据文体的不同，理解的难易，提出不同的默读时间要求。学生感兴趣的读物，如童话、故事、寓言、写人记事的课文，写景的文章等，可以让学生默读得快一些，而那些含有哲理性的散文、情节比较复杂的小说以及知识性比较强的说明文章等，可以让学生默读得慢一些。因为学生对喜欢的、感兴趣的读物，在有趣情节的吸引下，能更加集中注意力，而那些故事性不太强、吸引力不太大的知识性文章，学生要耐着性子去读，可以让他们默读得慢一些。

6. 如何培养默读的习惯？

我走进学校与老师们接触，老师们经常告诉我，当前学生默读课文的能力比较差，更没有好的默读习惯。许多学生看书，注意力不集中，外边稍微有一点响声，或有一个人经过，他们便会立即抬头看看。良好默读习惯的养成，对学生将来的读书、看报，乃至工作，都有极大的帮助。平时，我经常要求学生带着任务读书。学生不论默读什么材料，我都让学生先有明确的目的，想好为什么要读，然后再进入阅读。学生经常进行"以目的为导向"的默读，不仅会提高默读效果，而且会逐渐养成习惯。这是因为学生有了明确的默读目的，他们便能激起浓厚的兴趣，产生奋发的意志，促使脑细胞迅速活跃，形成利于思考理解的兴奋中心。这样，就不是一般的、泛泛的阅读，而是抱着寻求答案、解决问题的目的，主动默读。良好的默读习惯会使学生终身受益。

（三）默读教学时机

默读教学的时机，就是在教学的过程中，什么时候运用默读比较合适。十几年的教学探索，我总结出了以下八个常用的教学时机。

1. 预习课文。

走进学校老师们向我反映，现在学生很少有预习课文的习惯。星期五下午布置了预习下周一学习的新课，星期一早读课上检查，一个班要有三分之一以上的学生未做。有的学生做了，也只是简单地把课文看一遍，给生字注个音，或画个生词什么的。学生预习课文质量不高，很大程度上与教师要求不具体或检查不严格有关。

在平时的教学中，我注意培养学生预习的习惯，而且注意培养学生预习课文时多用默读的习惯。为什么这么做呢？这是因为，学生在课堂上的学习已经比较累了，回到家里还要写作业，又很辛苦。预习新学的课文，必须在完成作业之后去做。因此，我提倡学生可以采取默读的方法，即把将要学习的新课看一看，有没有不认识的字，不理解的词。看看课文，你能懂多少，不懂的地方做个标记。学生预习之前的默读，主要是让学生先接触一下课文，发现问题，然后带着问题去跟老师学新课。这样，有目的地听课，一定会提高课堂学习效果。以默读的方式预习课文，学生觉得比较轻松，他们乐意去干，也容易让他们养成预习的好习惯。否则，让学生大声小声地朗读课文，去费劲地预习，他们怎么会乐意干呢？当然了，喜欢通过朗读预习课文的学生，我们也应该予以鼓励。朗读与默读相结合的形式，是最好的。

2. 把握文章主要内容。

中、高年级的阅读教学，在学生初读了课文，识字、学词，正确、流利地朗读课文之后，老师们一般让学生默读课文，说说文章的大意，或讲一讲课文写了一件什么事。听课中我发现，学生说课文大意，或讲课文的一件事，要么过于简单，一两句话，要么过于详细，有的学生几乎是读课文，总之不能用三五句话比较准确地概述课文的大致内容。学生把握课文的主要内容不够好，是因为教师在学生默读课文时，没有提出具体明确的要求，或没有给予方法的提示。

我的做法是：对一些篇幅比较长、情节比较复杂的课文，我一般在学生能正确、流利地朗读课文，大约读懂了每个自然段的意思之后，让学生默读课文，看课文可划分几个意义段（即几个部分），每个意义段说的是什么意思，把全文的几个意义段结合起来看，又讲了什么意思。经过教学实践我体会到，让学生带着具体的任务去默读课文，实际上是给了学生一个自主学习的机会，不仅有利于学生把握全文的主要内容，而且有利于培养学生思维的条理性和概括性。

顺便多说几句。走进学校老师们经常向我反映，现在学生思维的条理性和概括性好像不如以前的学生，给一篇文章让学生理一理叙述的顺序，许多学生弄不清楚；读了一篇文章让学生概括一下文章的主要内容，许多学生不会概括。我认为，学生思维条理性及概括能力的下降，与这几年一刀切地不让学生进行分段、概括段意和归纳主题思想的训练有关。分段和概括段意，是理清文章的层次，把握文章的部分。充分把握了文章的"部分"，在这个基础上再概括文章的主要内容，就变得容易多了。充分把握了部分，把握了主要内容，为下一步深入阅读理解、体会情感，学习语言文字运用，又打下了坚实的基础。所以，我建议，中、高年级的阅读教学不要一概否定分段和概括段意的训练，可以根据具体的课文，相机地进行训练。

3. 联系上下文理解词句。

不论是低年级、中年级，还是高年级，联系上下文理解词句的意思（低年级是了解），都是学生必须具备而且经常用到的一项阅读技能。获得这项阅读技能，常常要用到默读的方式。教学发现，让学生联系上下文理解词句的意思，这个"上下文"越是简短，学生越易把握，越是冗长、复杂，越不易把握。比如，让学生联系几段话或全篇文章来理解某处词句的含义，学生便会出现问题。这种情况下，教师对学生的默读，要加强指导。下面举个例子。

四年级下册第5课《中彩那天》第一自然段第二句话，母亲常安慰家里人："一个人只要活得诚实，有信用，就等于有了一大笔财富。"让学生默读课文，思考母亲说这句话有什么丰富的内涵。我的教学注意了以下三点。一是针对中年级的学生，教师的提问要具体、明确一些：首先要想一想，母亲说的"诚实，有信用"是什么意思。——诚实，即心里想的和嘴里说的、实际做的一个样；有信用，即对别人约定的事情、说过的话，要负责，要履行。二是默读思考下文，从下文的哪些地方可以看出来这些意思。三是要让学生拿起笔，把一些能体现父亲"诚实有信用"的句子画出来，并把几处联系起来思考。经过以上这些功夫，会发现这两个词在这里的特殊含义——一个人，在金钱、物质面前，在生活困难面前，更要讲诚实、守信用，这正是考验一个的道德的时候。父亲在这个"道德难题"的抉择中胜利了，他把本来是库伯中奖得到的奔驰牌汽车，经过一番激烈的思想斗争，又还给了库伯。他也从原先的"闷闷不乐"变为"特别高兴"。一个人诚实，讲信用，才会取得别人的信任，别人才愿意和他来往，愿意帮助他，这不正是一大笔财富吗？从这个例子我让学生明白：联系上下文理解词句的意思，默读课文时要仔细，要看得全面一些，因为重点词句的每一个信息，一般都能从上下文中对上号。这正是作者的用心，我们也必须用心默读，才能发现。否则，马马虎虎地默读，是难以走进作者内心世界的。

4.回答教师的提问。

课堂上，教师就内容的理解、思想的把握、表达的领悟等，常常采取"问题导引"的方式，让学生默读课文回答。为了不把教学过程中师生之间丰富而深刻的对话变成简单、肤浅的问答，关键是教师要以问题引导学生"潜心会文本"，让学生有高质量的默读。

我的做法是：第一，教师的"问题导引"，其主要目的不是"以问追答"，而是"以问促读"。"以问追答"会导致学生浅阅读，或凭借手中的学习辅导资料，以对付老师的问题，这样会逐渐使学生变得懒惰。"以问促读"关注的是学生学习的过程，是引导学生经过读书、思考，最终解决问题。这不仅有助于问题的解决，而且有助于培养学生阅读理解的能力。第二，教师要根据问题的难易、阅读的多少，给学生留足读书的时间，不要急躁，不要"赶学生"。第三，找到了问题的答案以后，还要想一想如何回答，先说什么，后说什么，组织好内部语言，以便顺畅的回答。

五年级上册《地震中的父与子》："他满脸灰尘，双眼布满血丝，衣服破烂不堪，到处都是血迹。"默读课文回答：课文为什么要描写父亲的外貌呢？——回答这个问题，学生要默读课文的前半部分。读了这十几个自然段就会发现，描写父亲的外貌，是说明父亲为了从地震废墟中找到儿子所付出的辛苦。从这几句外貌描写，可以想见父亲为寻找儿子，是如何忘我，如何不怕危险，不顾生命，更可以想见父亲对儿子无私而深沉的爱。回答这个问题我让学生明白：记事写人的文章写到人物的外貌，一定是为表现人物内心服务的，外貌与内心是有必然联系的。我们写作时要学习、借鉴作者的这一写作方法，改掉习作中外貌描写成了摆设的毛病。我还让学生明白，默读课文回答老师的问题，默读要广，视域要宽，不能就问题找答案；思考时从聚合到发散，然后再从发散到聚合，最后才能实现问题的有效解决。

5. 体会思想感情。

阅读教学中，体会课文的思想感情时常常需要学生默读课文。不过，教学中经常把理解内容与体会感情结合起来进行。这就是说，体会感情时的默读，比单独理解内容时增加了任务，也增加了难度，因此教师要尤为重视这时的默读，千万不可掉以轻心，走了过场。

六年级下册《卖火柴的小女孩》课后"思考练习"第一题是"默读课文，说说小女孩每次擦燃火柴都看到了什么，从中体会到了什么"。——默读任务有两项，先理解内容，后体会思想。教学时，我的引导过程是这样的：（1）理解内容与体会感情有机结合。默读时，从课文中找到共几次擦燃火柴，每次擦燃火柴时，小女孩好像看到了什么，小女孩为什么会看到这些，她内心渴望的是什么，进而体会小女孩的贫困、不幸与可怜。（2）因为小女孩每次看到的都是一种幻象，因此我们体会小女孩的内心世界时必须运用幻想的思维方式。（3）小女孩与小学生是同龄人，同龄人往往有相似的幻想，因此体会小女孩的内心世界，要设身处地，把自己放进作品中，同时联系现实生活。（4）把默读与有感情地朗读结合起来。默读多为理解、体会，而默读之后的有感情朗读，是一种情感表达式的朗读，更能表达自己对作品的理解与体会。这次的教学我让学生明白：运用默读与朗读理解体会人物的内心世界，往往要用综合的方式，联系的方式，整体的视角，同时调动多种思维，联系文本内外，联系现实生活。这即是整体感悟，整体感悟是体会思想感情的常用方法，我们要注意运用。

6. 补充文章的留白。

古人云："书不尽言，言不尽意。"意思是说，写文章、著书，不需要把话说得太详尽，语言、文字也不容易完全确切地表达思想内容，这即是文章的留白。文章有留白，读者才有思考的余地，才有想象创造的空间。可以这样说，教科书上的许多课文，都有留白的艺术。教师在教学中，要引导学生利用默读，补充文章的留白，读出作者的未尽之意。

《灰雀》（三上）倒数第二自然段写道："列宁看看男孩，又看看灰雀，微笑着说：'你好！灰雀，昨天你到哪儿去了？'"——列宁的询问很有意味，他不问男孩，却问灰雀，灰雀当然不能告诉列宁昨天它去哪儿了。理解其中的为什么，我让学生默读课文，体会列宁的话中之话。学生经过默读全文，体会到，列宁认为这个小男孩虽然把灰雀捉走了，但又送回来，知错能改，是一个诚实的孩子。列宁在男孩的面前，不直接问男孩，却问灰雀，既表示对灰雀十分的关心，又表示对眼前这个诚实男孩的尊重。这正体现了本单元"导读"中要求的"从名人身上平凡的小事，能感受到他们的不平凡"。进而我让学生体会到诚实是多么可贵，名人是多么可敬呀！

让学生补充文章的留白，当然也包括体会省略号省略的内容。教师引导学生补充文章的留白，要注意三点：一是一般让学生默读与此处有关联的文字，如几个自然段或全篇；二是默读时要进行整合思考、想象，由表及里，从人物的一言一行，体会人物的内心；三要引导学生总结学习这种留白的艺术，理解它的作用，在作文中学习、运用。

7. 总结课文的学习。

总结课文的学习，既可总结全文的思想内容，也可总结文章的写作方法。按理讲，这个总结的环节应该不会少的。可我从听课中发现，许多教师引导学生把文章的重点部分品读完了，要么没有总结，直接进入向课外拓展，要么由教师简单说几句思想教育的话、写作方法的话。课文的总结，由教师直接告诉，而不是学生的亲历，学生听了又能留下什么印象呢？教师之所以这样草率地对待课文总结，主要是因为怕别人说他又回到"归纳中心思想"的老路上去。可是我认为，总结课文，并不等于归纳中心思想。把课文学完了，再留几分钟，引导学生把这篇课文回顾一下，梳理一下，总结一下思想内容、写作方法、学习经验等，不让学生死记硬背，只让学生增长见识，应该是可以的，而且也是必须的。

我在引导学生总结课文的学习时，注意了以下几点：（1）让学生再把课文默读一遍，从全文的联系中思考人物的品行、事情的哲理，思考文章写作的目的，体会文章最突出的表达方法等。（2）对那些情感比较浓厚的课文，学生默读、体会之后，再练习有感情地朗读，即默读与朗读相结合。（3）总结交流学习本课的经验，比如如何理解词句，如何理解段篇，如何体会情感，如何体会景物特点，学到了什么写作经验。也可以引导学生把课文的学习与学生作文对比起来，从比较中借鉴写作方法，学习语言文字运用。

8. 复述课文。

复述课文是进一步理解课文内容、体会思想感情、积累语言文字的一种重要方式。长期的教学实践表明，让学生把课文讲一遍，为了讲好课文，学生有默读，有思考，有记忆，讲课文时又要动口、动脑、动耳，这实际上又是一次与课文深层次的接触，因此也是一次对课文更加深入的理解与体会。老师们都有这个体会，让学生复述课文，学生要么是把课文基本上背下来，要么是前一句、后一句地随便说。就目前来看，高质量地复述课文还是比较稀缺的。学生复述存在的问题，往往是由于在复述前没有做好充分的准备，没有把课文默读好。我是如何通过指导学生默读而提高复述课文的质量的呢？

第一，默读课文时，要抓住每一段的关键句或重点句，把每一段主要内容讲出来。没有关键句的自然段，要努力把这段的主要内容概括出来。这要给学生比较充足的默读时间。第二，把前后几处的主要内容衔接起来，这要求学生会用恰当的语句把文章的要点串联起来，同时可以添加一些关联词语。第三，默读时不仅有抓住要点的思考，即归纳性思考；还要有连续性思考，即把前后课文的要点连接起来；更要有记忆性的思考。提取要点，连接要点，还要记住要点，而且快速地记住，这不是一件容易的事。

学生复述课文时的默读，有多种形式的思考，有快速的记忆，还要有言之有序的表达，操作不好，学生容易有畏难情绪。为了减小学生复述前默读的难度，我一般先选择那些篇幅不太长、故事性比较强、情节比较有趣的课文，让学生给大家讲一讲。随着年级的升高，再让学生复述篇幅比较长、情节比较复杂的课文。对学情充分的理解，给学生充足的时间，让学生由易到难，循序渐进，是破解复述难题的有效办法。

四、教师笃定，课堂便不浮躁

默读教学的有效实施，需要安静的课堂环境。课堂能不能安静，能不能远离浮躁，关键在教师。教师笃定，少了骄躁之气，学生便笃定，多了安宁之心。在学校里，在课堂上，学生是教师的影子，有什么样的教师，就有什么样的学生。教师身体力行，胜过千言万语。那么，教师该怎么做呢？

第一，安心备课，静心上课。

教师应彻底杜绝"备课即是抄教案"的坏习惯，认真阅读教科书，精心进行教学设计。不论是教过的课文，还是没教过的课文，教师都要严肃地对待教科书，敬畏教科书，钻研好教材。因为你教的学生在变，学情在变，所以你的备课也要跟着变。常备常新，常教常新。另外，要求学生把课文朗读好，自己必须先把课文朗读好；要求学生把课文默读好，自己也应该先把课文默读好；要求学生思考解决的问题，教师应该先思考解决。教师应该做学生读课文的榜样，做思考的榜样。教师有了读课文的体会，有了思课文的经历，课堂上再去教学生，不就变得容易多了吗？所以，课堂上，教师以教学之新，便可吸引学生之心；以教学之能，便可培养学生学习之能。教师如何对待教学，学生便会如何对待学习。

第二，安心读书，淡泊做人。

备好课，上好课，这是教师在学校里的主要"功课"。教师不仅要做好主要"功课"，教好学生，还要利用课余的一切时机影响学生，尤其是教师的阅读。当前社会上有许多的年轻人喜欢在手机上、在电脑上读书，我不赞成这种读书的方法。我认为，看手机、看电脑，方便工作，方便查找资料，了解信息，如果是比较长时间的读书，最好还是读纸质书。因为读纸质书不仅能让你在书上圈、画、批注，写感受，引导你深入思考，深入理解、体会，而且还没有手机、电脑电子光亮的照射，不会影响你的视力，干扰你的心绪，能够减少你的浮躁。所以，教师的阅读，应不同于社会上一般人的阅读。教师的阅读，应该是以纸质书为主。学生天天学的是纸质课本，教师当然也要读纸质书本。你的学生经常看到你在课余时间里捧着名著、经典如饥似渴地学习，他们会怎么想呢？又会怎么做呢？一个喜欢读书的教师，专心默读的教师，他教的学生也一定喜欢读书，也能学会专心默读。教师应该做比学生更会学习的人。安心读书，淡泊做人，上行下效，这是为师之道。希望老师们记住这个道理。

学会略读
——快速捕捉文本的关键信息

人教版小学语文实验教科书，从二年级下册开始编排略读课文，有4篇；三年级增多了，上、下册共编排16篇；到了五年级，略读与精读课文已经形成各占一半的局面（六年级下册略读课文比精读课文还多了一篇）。随着年级的升高，略读课文逐渐增多，以至于后来超过了精读课文的篇数。由此可以看出教材编辑对这类课文的重视程度。教材编辑们如此重视，可教师们重视了吗？学生重视了吗？教学能达到课标的要求吗？对这些问题的回答，从我的大量调查可知，结果并非令人满意。《语文课程标准（2011年版）》在第二学段提出："学习略读，粗知文章大意。"那么，怎样引导学生"学习略读"？怎样做才是让学生"粗知文章大意"呢？对此，我进行了教学的研究与探索。

一、我的略读教学调查

2012年秋季开学，我县教育局开展了大规模的听课调研活动。每到一个乡镇，选择两所学校，有中心小学，也有布点小学。每所小学至少听3节语文课。这3节语文课，至少听一节略读课。我县共有26个乡镇及县直小学，我听课150余节，其中听略读课60余节。从这些略读课，我看出教学中存在以下问题。

1. 只顾解决问题，失去了语文味。

教材从三年级上册开始编排略读课文，每篇课文题目的上面，都有一段"连接语"。这段"连接语"既介绍了本篇课文与上篇课文在内容上的联系，又提出了学习本篇课文的要求。请看下面几篇略读课文提出的学习要求。

《珍珠泉》（三下）：读读下面的课文，让我们一起交流读后的感受；再讨论讨论，课文写了珍珠泉的哪些特点，表达了怎样的感情。

《绝招》（三下）：读一读课文，想一想几个孩子都比了哪些绝招，你最佩服谁的绝招，再想象一下，小柱子是怎样练绝招的。

《父亲的菜园》（四下）：读读这个发生在父亲身上的故事，想想父亲是怎样开垦菜园的，交流一下读后的感受。如果有兴趣，可以把描写父亲言行的语句抄写下来。

例文无须多举。教科书上每篇课文的"连接语"基本上都是这样。仔细分析这些"连接语"提出的学习要求，它们大都以"问题"的形式出现。这些"连接语"看似比较强调解决课文思想内容方面的问题，而对解决问题的过程与方法，似乎没有那么在意，只是用一些语气比较轻的词语表示，如"读读"、"读一读"、"想一想"、"讨论讨论"等。粗心的教师会以为，学习略读课文，主要是为了解决课文思想内容方面的问题，问题解决了，学生能回答上来了，就完事了。因此，一些教师在教学中，只是盯着要解决的问题，忽视或淡化了问题解决的方法与过程——以问促读，以问促思，以问促悟，以问促进重点词句的品味。这样的略读教学，专注课文思想内容方面问题的解决，为解决问题而解决问题，忽视了"语文"的学习，失去了"语文"的味道。这样的略读课，不像语文课，倒像单纯的问题解答课，像思想品德课。

2. 注重精耕细作，失去了略读味。

一些老师告诉我，略读课文一课时教不完，一般要教两课时。我听了以后有些纳闷。走进教室听课我才发现，这些老师教略读课文，从字词句开始教起，从思想内容开始讲起，略读课文中没有要求写的字，教师也要让学生写一写。课堂上还要让学生做《课课练》，下了课让学生做《课课通》。这样的课，既不像略读课，因为教学体现不出"略"字，又不像精读课，因为教学中教师又没有引导学生很好地走进文本，品读体会，产生情感，有感情地朗读课文，学习语言文字运用。这样的略读课像做题课、练习课。精耕细作，多劳少获，没有略读的味道，失去了略读教学的意义。

3. 教师过度讲解，失去了学习味。

调研中我问老师们，学生学习略读课文怎么样，能否达到要求。老师们回答，学生缺乏相应的自学能力，被动学习，习惯于听老师讲。我也问了一些学生。一次我问了几个四年级的学生，我问他们是否喜欢自己的语文老师，他们都说"喜欢"。我又问为什么喜欢，他们回答说："老师讲课讲得可细啦！"学生的回答让我哭笑不得。课堂上老师以讲为主，学生以听为主，不仅学生自主学习能力没有得到培养，而且学生连课文也没有真正理解。因为学生没有发挥学习的主观能动性。学生缺乏自主学习能力，养成被动学习的习惯，都是教师讲的，是教师惯（灌）的。课堂上，教师明知学生存在着不会学习、不会主动学习的问题，不仅不去纠正、解决，反而顺着学生来。精读课上，老师可以多一些指导、多讲几句，而略读课本该是教师多放一些，少讲一些，让学生多学一些。可实际教学中能做到的教师，是极少数。教师的过度讲解，没有"略"教，学生便失去了积极主动学习的机会，失去了快乐学习的味道。

略读教学，没有了语文味，没有了略读味，又没有学生学习的味，最终必然造成学生不会略读，达不到课标提出的要求。略读能力是一项非常重要的阅读能力，略读能力的欠缺，势必造成阅读能力的不足。我们应该重视培养学生的略读能力。

二、我的略读教学思想

教师没有培养学生的略读能力，是因为教师对略读教学认识上的偏差。这种认识上的偏差主要表现在三个方面。一是认为精读课文有教头，学生有学头，而略读课文却不是这样，内容简单，语言浅显，学生一看就懂；二是认为学校语文考试以精读课文为主，不考或很少考略读课文；三是学校平时开展的听课评课活动，都是精读课，很少有略读课。老师们对略读课认识的偏差，区别对待，因此略读课文的教学才不被重视。只有正确认识、全面把握略读教学的丰富意蕴，才能还略读教学应有的尊严，获得应有的地位，也才能确保略读教学的质量。我是如何看待略读教学的呢？

1. 明确略读教学目标：快速捕捉文本的关键信息。

《语文课程标准（2011年版）》在第二学段"目标与内容"的学习要求中明确指出："学习略读，粗知文章大意。"我从四个方面解读这句话。

（1）三个学段目标与内容的分解。小学第一学段开始接触略读课文，应为初步学习；第二学段，进一步学习；第三学段，应该学会，独立运用，具备了这种略读的能力。

（2）强调"快速"。因为是"略读"，所以必须快读，比精读要少用时间。人教版小学语文《教师教学用书》建议，这类课文一般用一课时。我觉得，只有个别篇幅比较长、内容比较复杂，或语言表达比较优美的课文，可以教一课时多一点或两课时。另外，强调"快速"应根据学段，逐渐加快。中、低年级是"学"的阶段，可以慢一些；高年级是"用"的阶段，可以放快一些。

（3）准确理解"粗知文章大意"。"粗知文章大意"不能等同于精读课初读课文时的"把握大意"。这里的"粗知文章大意"，即粗略地把握文章的关键信息，包括外显信息和内隐信息。既有理解思想内容的信息，也有情感体会的信息、语言表达的信息等。另外，学生不仅能从课文中提取关键信息，而且还能从整体上把握这些信息，概括这些信息，形成信息整合。

（4）落实这一目标意义深远。学生能不能学会略读，会不会捕捉文本的关键信息，不仅是一个人阅读能力的体现，而且还可以看出一个人的语文程度，影响他将来的工作和学习。叶圣陶先生指出："语文程度不够高，大约指两个方面：一方面是阅读。比方看《人民日报》社论，有些人看是看下去了，可是觉得不甚了解，抓不住要点，掌握不住精神。另一方面是写作。写了东西，总觉得词不达意，仿佛自己有很好的意思，只因为写作能力差，不能充畅地表达出来。这就可见阅读和写作两方面的能力都要提高。"从叶老这段话我们体会到：对于一个步入社会的成年人来说，一个人的阅读能力，主要表现在他阅读文章把握要点、掌握精神实质的能力，这对一个人的发展至关重要。学会略读，捕捉文章关键信息，正是"把握要点"，正是"掌握精神实质"。由此可知，学生学会了略读，终身受益。

2. 关注略读教学的任务：培养学生语文阅读理解的实践能力、学习语言文字运用能力以及自主学习能力。

略读教学的目标为学习的结果，在实现教学目标的过程中，必须完成能力培养的任务，即语文阅读理解的实践能力、学习语言文字运用能力以及自主学习能力。目标与任务的关系，即结果与过程的关系，这是一种显性与隐性的关系。我们注重显性的学习结果，更要注重隐性的能力培养，这也是一个教师责任心的体现。

（1）培养学生语文阅读理解的实践能力。

小学阅读教学，应该是让学生在精读课文的学习中学到一些阅读的方法，诸如联系上下文理解词句的方法，概括课文主要内容的方法，理解段篇的方法，体会思想感情的方法，领悟语言表达的方法，默读课文、朗读课文的方法，思考、批注的方法等。精读课文的教学，教师要有意识地教给学生这些读书的方法；而略读课文的教学，教师要有意识地引导学生运用从精读课中习得的阅读方法，学习略读课文，以便形成阅读能力。可是，从大量的调查可知，老师们在这两方面做得都不够。精读课文的教学中，教师没有注意教给学生一些语文学习方法，略读课文的教学，教师又没有注意引导学生进行学习方法的实践运用。如此，学生的阅读能力怎么能形成呢？

（2）学习语言文字运用的能力。

《语文课程标准（2011年版）》的核心教学目标，是引导学生学习语言文字运用。实现这个核心目标的途径，包括识字写字教学、阅读教学、习作教学、口语交际教学、综合性学习教学，以及课外阅读。略读教学是阅读教学的一部分，因此略读教学也应当承担着学习语言文字运用的任务。另外，教科书中的略读课文和精读课文相比，篇幅比较简短，内容略微浅显，语言生动活泼，不乏优美语言。这些课文，更切合学生的学习实际，学生比较喜欢。所以说，教师教略读课文，也应该有引导学生学习语言文字运用的意识。学生略"学"，并非略"得"。

（3）培养学生自主学习能力。

叶圣陶先生在谈到精读、略读的教学时指出："精读指导必纤屑不遗，发挥净尽；略读指导需要提纲挈领，期其自得。"这就是说，在精读课上，教师可以多扶一些，多指导一些，而略读课上，教师应该多放一些，少讲一些，多让学生自主学习，以求学生自主获得。我认为，语文教师贯彻"以学生为主体，培养学生自主学习能力"这个新课程改革的核心理念，应该很好地利用略读教学。可实际上我们的教师做得并不够。上学段教师没有注意培养，学生欠缺这方面的能力，下学段教师任其下去，依然不注意培养，学生继续缺乏这方面的能力。以至于，有不少成绩"优秀"的小学生升到了中学，由于缺乏自主学习的能力，到了八年级，成绩便下来了，没有学习的后劲。一些高中生升到了大学，到大学里面又不知道如何学习了，茫然了。中学不同于小学，大学又不同于中学，学校的层次越高，越需要一个人的独立学习、自主学习能力。能力从小培养，习惯从小养成。万丈高楼平地起，小学基础太重要了！教师在略读课文的教学中培养孩子的自主学习能力，太重要了！

3. 把握略读教学的七对关系。

（1）导读与略读的关系。

单元导读提出本单元课文的学习目标与要求，这些目标与要求，当然也包括略读课文的学习。因此，制订略读课文的教学目标，不能忽视前边单元导读中提出的目标与要求，那是个大方向。

（2）精读与略读的关系。

从根本上说，这二者是学习与运用的关系，即获得语文阅读方法与运用语文阅读方法的关系。精读课文的教学，是在教师指导下学生学到读书的方法；略读课文的教学，是学生在自主学习的过程中运用从精读课文中习得的方法，通过语文实践，历练语文能力。

（3）略读与略读的关系。

人教版小学语文实验教科书从四年级上册开始，每个单元编排了两篇略读课文。教学时，教师要注意略读课文之间的关系，找到二者的区别与联系，教学时彼此互相关联，相互照应，共同完成本单元学习目标。

（4）朗读与默读的关系。

学习略读课文，以默读为主，朗读为次。因为这类课文的学习，主要是学生的自主阅读，实践探索。学生运用阅读的方法，自由阅读，解决语文学习的问题。当然，在初读阶段，可以安排学生自由朗读，在情感体会的过程中，也可以安排感情朗读。但就学习的整个过程而言，还是以默读为主，这样有利于问题的思考、探索与解决。另外，对那些景美情深的课文，朗读更是不可缺少的。

（5）教师与学生的关系。

教师与学生的关系，是主导与主体的关系，这是教学的总原则，也是语文教学的总要求。不过，对略读课文的教学，学生的主体地位要更加突出，学生的自主性更强一些。这是因为精读课文为教师指导下的阅读，略读课文为半独立阅读，而教科书后面的选读课文则为独立阅读。这正是教材编者的意图，我们要明白这一点。

（6）读与写的关系。

有人认为，略读课文的学习，只需学生动动口，动动脑，无须动手写什么。这些人是这样说的，实际教学中也是这样做的。这种说法、做法都是不妥的。首先，不动笔墨不读书，略读课文的学习既然以默读为主，默读怎么能不动笔呢？其次，既然略读课文的学习也承担着学习语言文字运用的任务，为什么不可以从读学写呢？再次，即使略读本身，以写也可以促读，写让读更深刻、更丰富。所以，略读课文的学习，要根据教学的实际，可以安排写的任务。

(7) 略读与课外阅读的关系。

语文学习的外延与生活的外延相等，课外阅读与课内阅读相承。为了加强学生的语文运用能力，丰富学生的见闻，扩大学生的阅读面，略读课文的教学也可以向课外拓展，把课内略读与课外多读相结合，最终丰富学生的语文经验，提升学生的语文能力。

三、我的略读教学方法

略读课文的教学要求，不同于精读课文的教学要求，因此略读课文的教学方法也有别于精读课文的教学方法。通过多年的教学，我根据略读课文的性质，根据略读课文教学的特殊目标与任务，探索出了一些行之有效的教学方法。这些教学方法，受到了学生的欢迎，培养了学生的能力。教学中，我经常采取以下七种教学方法。

1. 精巧切入，引导学生快速了解文章概貌。

略读课文教学伊始，应引导学生从整体入手，初步感知课文内容，了解文章概貌。全国小学语文教学研究会原理事长崔峦先生，曾经在2006年春季人民教育出版社教材培训会上指出："略读课文教学，更需整体把握，不应肢解课文。"略读课文，相对于精读课文，内容更浅显一些，易懂一些，只要教师引导得法，巧妙切入，学生快速了解文章概貌不是难事。切入文章的角度可以多种，了解概貌的形式可以多元。可以从全文入手，说说文章大意；可以从题目入手，思考围绕文题写了什么；可以从人物入手，谈谈对人物留下的印象；也可以从事件入手，讲讲这是一件什么事；还可以让学生谈谈读后留下的初步感受，等等。请看下边几个例子。

教例一：三年级上册《槐乡的孩子》。

我的切入方法是：读读课文，根据题目想一想，"槐乡"是什么意思？槐乡的孩子干了什么，在什么时候干的？他们收获了什么？——从文题切入，引导学生了解文章概貌。

教例二：三年级上册《狮子和鹿》。

这一课则是另外一种切入方式：想一想课文讲了一件什么事？注意这

件事的开始、经过、结果。——从事件入手,引导学生理清文章线索。

教例三:四年级下册《全神贯注》。

本课从文中的人物切入:默读课文,想一想罗丹是怎么工作的?你体会了什么?——从对人物的理解与体会切入,引导学生迅速把握人物。

教例四:五年级上册《青山处处埋忠骨》。

默读课文,想一想文中主要写一件什么事?哪个地方打动了你?——从对文章的感受入手,引导学生快速了解文章概貌,感受全文。

2. 精心设问,引导学生迅速聚焦文章关键。

了解文章的概貌之后,便引导学生探究文章的重点之处,关键之处。因为略读课文教学的时间有限,教师必须精心设问,激起学生兴趣,迅速聚焦重点,有效把握难点。精心设问,教师必须吃透教材,熟化教材,在此基础之上,教师对"连接语"中的问题进行改造,创造出具有高度聚合力的一两个问题,从而唤起学生的探究热情,提高略读学习之效。

教例一:四年级上册《秦兵马俑》。

学生初读课文了解文章写了哪些兵马俑之后,我便提了一个问题:再认真默读课文,想一想各类兵马俑的形态怎样?个性怎样?——问题一出,学生的思考迅速从了解兵马俑的类型,转向欣赏它们的态势,体会它们的个性,进入它们的"内心",抓住文章的关键。

教例二:六年级上册《有的人——纪念鲁迅有感》。

学生通过初读,了解诗题、作者、全诗大意之后,我便提了一连串引起学生无比兴奋的问题:这首诗用对比的方式写鲁迅,请默读全诗想一想:那些反动派是如何对待人民的,而人民又是怎样对待那些反动派的?鲁迅是如何对待人民的,而人民又是如何对待鲁迅的?

3. 精略相联,引导学生实践运用读书的方法。

略读课文教学,是教师引导学生把从精读课文中学到的读书方法进行实践运用,通过实践运用,逐渐形成读书能力。因此,略读课文的教学,教师要有阅读方法的巩固、运用意识,有培养能力的意识。具体的教学要注意两点:一是既可以从本单元精读课文的学习中进行借鉴,也可以从以往精读课文的学习中进行借鉴。二是在教师提示下，学生要能回忆、理解曾经学过的学习方法，以便运用。请看下边两个例子。

教例一：三年级下册《珍珠泉》。

让学生思考课文写了珍珠泉的哪些特点，表达了怎样的感情。解决这个问题，我是这样做的：在第一课《燕子》的学习中，我们从燕子的飞行、叫声、停歇几个方面把握了燕子的特点，那么对于珍珠泉的特点又可以从哪几方面把握呢？——从它的绿，它的清，它的趣。在前边《荷花》一课的学习中，我们从作者形象的描写、忘我的想象，体会了作者无比喜爱荷花的心情，那么我们体会作者写珍珠泉的感情，又该从哪些方面呢？——也可以从作者形象有趣地写泉，亦步亦趋地寻源，体会作者对珍珠泉的喜爱。从精读课文的学习中，回忆、借鉴阅读的方法，用于略读课文的学习，不仅使学生的学习变得容易、有趣，而且对学生学习能力的提升很有帮助。看来，阅读教学中方法的习得、运用是多么的重要！

教例二：五年级上册《慈母情深》。

体会课文是怎样表现母亲情深的。我的引导如下：在前一课《地震中的父与子》的学习中，我们体会了父亲对儿子深沉的爱，是抓住父亲的动作、语言、外貌、神态的描写，那么今天我们学这一课，也可以借鉴同样的方法，从写母亲的外貌、动作、语言、神态的语句中体会母亲对儿子深深的爱。请同学们默读课文，找到这些描写，用笔画下来，体会体会。

4. 瞻前顾后，引导学生学习课文的言语表达。

略读课文的语言，一般来说比较明白、晓畅、通俗、易懂，但总体来说，语言表达、艺术特性往往没有精读课文那么典型，那么突出，许多课文学生难以发现其表达上的技巧。教学中，我经常引导学生运用"瞻前顾后"之法，引导学生迅速发现并学习略读课文的语言表达之妙。所谓"瞻前"，即看一看单元导读中对学习语言表达方面有何要求；所谓"顾后"，即看一看语文园地中"我的发现"（三、四年级）和"回顾·拓展"中的"交流平台"（五、六年级）。瞻前顾后之法，能让学生迅捷地结合本篇课文的具体内容，从课文的学习中发现、学习表达的技巧，学习语言文字运用。

教例一：四年级上册《小木偶的故事》。

前边的"导读"要求是："了解童话的内容，品味童话的语言，体会童话的特点。"后边语文园地中的"我的发现"指出："童话中的人物都有超常魅力。童话想象丰富，故事有趣，引人入胜，还能给我们有益的启示。"根据前边的"导读"要求及后边的"发现"提示，学习本篇课文，我引导学生关注这篇童话故事想象的丰富，情节的有趣，以及给我们带来的有益启示。我们以后编写童话故事也应注意童话的这些特点。

教例二：五年级上册《毛主席在花山》。

"导读"中要求"领悟描写人物的方法"；"回顾·拓展"的"交流平台"中提示"注意本组课文中人物描写的方法"。从这两方面的提示受到启发，学习本篇略读课文，我引导学生看看课文是用什么方法描写毛主席这位伟人的。——主要通过毛主席与警卫员的对话，表现毛主席体贴关心当地百姓，爱护人民群众的思想感情。

教例三：六年级上册《我的舞台》。"

导读"中要求"学习作者展开联想和想象进行表达的方法"；"回顾·拓展"的"交流平台"中提示"本组课文，有的在写欣赏艺术感受时，融入了作者的联想和想象"。根据单元前后的提示，学习本篇略读课文，我启发学生：在理解、体会"我的舞台对我有神奇的吸引力"这句话时，我们阅读课文，欣赏作者的每一时期的舞台，都可让联想和想象介入其中，联想到作者艺术人生成长发展的环境，想象作者逐渐成熟的内心世界。既然是舞台，就有艺术；既然有艺术，就有联想和想象。

5. 旁征博引，引导学生丰富学习内容。

略读课文是学生在课堂上进行语文阅读实践的主要凭借。为了丰富学生的阅读内容，拓宽学生语文实践的领域，提升学生语文实践的能力，我在略读课文教学中，经常不囿于略读课文内容相对浅显、语言通俗平实的现状，有意识地引导学生旁征博引，链接相关材料，丰富学习内容，以便让学生获得略学丰得之效。教学中我向外链接的学习资源主要有文章的背景资料、同题或同类文章以及与文本相似的语段等。

学习《一幅名扬中外的画》（三上）一课，为了让学生进一步体会《清明上河图》为何能够名扬中外，我给学生引入了这幅画的作者及对这幅画详细介绍的资料。学习《最后一分钟》（五上）一课，我给学生引入了香港过去多次被外国侵略者强行割占的屈辱历史。

学习《最好的老师》（六下）一课，我让学生同步阅读本册教科书综合性学习单元中的一篇课文《难忘的启蒙》；学习《跑进家来的松鼠》（六上）一课，我让学生回忆了五年级学过的《松鼠》一课。同题或同类课文的引入，让学生在对比中学习，既看出两篇文章在内容上的不同，又可以看出两篇文章的表达之异，在比较中更能把握文章的特点。这样做，扩大了学生的见识，提高了学生的赏读能力。

学习季羡林先生的《怀念母亲》（六上）一课，我把季老写的《赋得永久的悔》文章中一些与本课相关的语段引入课堂，让学生丰富对课文的情感体会。学习《祖父的园子》（五下）一课，我引导学生回忆《父亲的菜园》（四下）一课中描写菜园景象的语段。语段相似，比照学习，学生能迅速把握文章的思想内容及表达特点。

6. 结课拓展，引导学生把课内外阅读相结合。

我们知道，提高一个人的语文阅读水平，最根本的办法是：让学生把从课文中学到的方法、知识，经过实践反复运用成为能力，并最终形成良好的阅读习惯。只有良好的习惯，才能成就人生。那么，学生良好的阅读习惯怎样才能形成呢？叶圣陶先生告诉我们："要养成这种习惯，必须经过反复历练。单凭一部国文教本，是够不上说反复历练的。所以必须在国文教本以外再看其他的书，越多越好。应用研读国文教本得来的知识，去对付其他的书。这才是反复的历练。"

由此可知，把略读课文的学习与课外阅读相结合，是培养学生良好阅读习惯的好办法。从一定意义上说，略读课文应该成为联结精读课文与课外阅读的桥梁。我教《刷子李》（五下），让学生课外阅读《俗世奇人》；教《山雨》（六上），我让学生阅读作家赵丽宏的写景散文；教萧红的《火烧云》（四上）、《祖父的园子》（五下），我让学生阅读《呼兰河传》。

这里要说明的是，当前为什么许多学生不喜欢课外阅读，一方面因为教师布置的课外练习题太多，挤走了学生的课外阅读时间；另一方面是因为教师把学生的课内阅读与课外阅读割裂开来。一些教师讲语文课，不论是精读课还是略读课，往往是就课论课。课内是课内，课外是课外，课内与课外没有联系。还有一些老师要求学生课外时间看看书，只是随便说说，空泛布置，也与课内没有联系。课内外阅读形成两张皮，既伤害了阅读，又伤害了写作，同时还伤害了学生的阅读兴趣。正确的做法应该是：课堂上学习了课文，应趁热打铁，让学生进行相关的课外阅读，这是相似的阅读内容和阅读方法的一种延续，学生在"相似"、"相联"的氛围中阅读，一定会有兴趣。所以，课内外阅读紧密联系，是教师实施略读教学的应有之义。

7. 有效练习，引导学生以写促读。

上文已提到，略读课文教学不能只是"君之动口不动手"，不能只是"说说而已"。课堂上，教师能根据教学实际给学生设计一些练习，让学生动笔写一写，练一练，"我手写我口"，"我手写我心"，这样，学生一定会对文本留下比较深刻的印象，不论是思想内容方面的，还是语言表达方面的。教学中，我就经常让学生做一做这方面的练习。

教例一：《给予是快乐的》（四上）。

我给学生设计的练习是：学了这篇课文，联系身边的人，写一写你读后的感受，能举出具体的例子更好。——写读了以后的感受，就等于让学生进行一次写读后感的练习，这对学生的写作很有帮助。

教例二：《七月的天山》（四下）。

我给学生设计的练习是：用填空的形式，把课文几处描写天山美景的词语填上。——做这道练习，我让学生熟读课文，甚至把一些语段念到会背，这对学生积累语言很有好处。

教例三：《学会看病》（五上）。

我让学生写一篇《我学会了×××》的小作文，介绍自己是怎样学会做某件事的，写出做事的感受。——这是一次从读学写的练习。从读学写，或从内容得到启发，或从表达受到教益，学生练笔变得极为容易。这种练习形式，有助于学生对课文的学习，对写作的提高，当然也有助于学生增加对生活的认识，对劳动的热爱。

四、我的略读教学范式

教学范式，即教学模式。略读教学，内容丰富，形式多样，教学范式也灵活多变，不拘一格。人教版小学语文实验教科书，从低年级到高年级，共编排102篇略读课文。这100多篇课文的教学，我经常用到五种教学范式。

第一种，问题解决式。

这是我与老师们最经常用到的一种教学模式。这种教学模式是围绕"连接语"中提出的学习课文的几个问题，引导学生带着问题去阅读、思考，在解决问题的过程中，能力得到提高，情感得到陶冶，思想受到教育。这种模式的教学流程是：（1）谈话，导入新课。（2）初读，了解大意。（3）读"连接语"，明确问题。（4）带着问题，阅读课文，解决问题，朗读课文。（5）语言积累，运用迁移。

教例：《好汉查理》（三上）一课，我的教学步骤如下。

第一步，谈话，导入新课。

同学们的掌声让腿有残疾的英子树立了自信，鼓起了勇气微笑着面对生活；圣诞节那天，是金吉娅的爱心，让一个陌生的小女孩有了如愿以偿的笑脸。那么，查理这个小男孩，又为别人做了些什么？我们今天学习第32课《好汉查理》。

第二步，初读，了解大意。

请同学们自由朗读课文，把课文读通读顺，哪个地方没有读通顺，再回头读读。把全文读完以后思考一个问题：查理为谁做了什么？

第三步，读"连接语"，明确问题。

同学们读一读"连接语"，梳理出学习本课的一个最重要的问题。学生读"连接语"，梳理归纳的问题是：为什么查理被称作好汉？

第四步，抓住重点，深入阅读。

请同学们再默读课文，思考：为何查理被称作好汉？说说你的看法。——①查理原来是怎样的一个小男孩？②这个暑假他发生了哪些变化？——语言、行动。③有感情地朗读课文。

第五步，积累语言，拓展延伸。

抄写本课的几个词句，体会这些词句的含义。

好汉　恶作剧　羡慕　彬彬有礼　恋恋不舍

"好汉查理从来不随便拿别人的东西。"

"我不能随便要您的东西。"

"我会做个好汉。"

"你会的，我从来就相信。"

第二种，方法迁移式。

这种教学模式突出语文学习方法的实践运用。教学流程是：(1)引导学生回忆从上篇精读课文中学到的语文学习方法，导入本课的学习。(2)学生读课文，了解大意，把课文读得正确、流利。(3)提出学习本课的核心问题，并引导学生运用从精读课文学到的读书方法进行探索解决。(4)语言积累，课外拓展。

教例：《路旁的橡树》（三下）一课，我的教学步骤如下。

第一步，回忆学习方法，导入本课学习。

我们在学习前一课《一个小村庄的故事》的时候，学到了两种读书的方法：一是按照事情发展的顺序讲故事的方法；二是抓住意思深刻的句子反复品读，体会课文思想感情的方法。今天这节课，我们也借鉴这两种学习方法，学习第8课《路旁的橡树》。

第二步，学生自由朗读课文，把课文读通读顺。了解课文大意——按事情发展的顺序，讲一讲这个故事。

第三步，抓住意思深刻的句子，反复体会，谈谈感受。

(1)默读课文，找到意思比较深刻的句子，反复思考，体会意思，领悟人物高尚的心（意思比较深刻的句子共有七句，联系上下文理解、体会、朗读）。（2）学生汇报交流、朗读，教师引导、点拨。

第四步，从这件事想开去，写几句读后感。

教师启发：为了保护一棵橡树，让公路绕行，修路工人保护环境的意识多么强烈。想想生活中，你周围的人，遇到人与环境发生矛盾时，是人让环境，保护环境，还是环境让人，破坏环境？——学生发言，再写下来。

第三种，文学赏析式。

遇到形象优美、情节生动、语言精练的略读课文，可以以文学赏析为主要学习任务。或欣赏人物形象，或体悟事件哲理，或品析景物描写，或把玩环境衬托。这种模式的教学步骤如下。

（1）谈话，导入新课。（2）初读，了解大意。（3）默读，哪地方写得最美，为什么这么美，想象美好的意境。（4）朗读，把体会的情感美美地读出来。

教例：四年级上册《火烧云》一课，我的教学步骤如下。

第一步：谈话，导入新课。

地上的树是鸟的天堂，因为树是美丽的；天上的云是人们的向往，因为云也是美丽的。这是一种什么云呢？我们今天学习第4课《火烧云》。

第二步，初读课文，感知云美。

学生自由读课文，把课文读通顺、读熟练，看看火烧云是怎么形成的，课文主要写了火烧云的哪两个方面。

第三步，欣赏火烧云绚丽的色彩和多变的形态。

学生默读课文，看看课文是怎样写火烧云颜色变化的，又是怎样写火烧云形态变化的。

第四步，有感情地朗读课文，背诵课文。

边读边想象，想象火烧云的美，把心中火烧云的美读出来，把脑海中美的画面读出来。练习背诵，边背边想象心中的美景。

第四种，读写结合式。

这种教学模式适合那些写作方法比较典型，学生易于学习运用的课文。其教学流程如下：（1）谈话，导入新课。（2）初读，了解大意。（3）品读，体会表达。(4)迁移,从读学写。(5)回读,总结收获。

教例:六年级上册《索溪峪的"野"》一课,我的教学步骤如下。

第一步,谈话,导入新课。

山林是人类的朋友,上山入林,观桥赏泉似去会友;山雨有无穷的韵味,仔细观赏,用心倾听,让你动情;草虫也好似我们的同类,它们也有村落、有街巷,每天在无忧无虑地生活。那么,我们走进张家界的索溪峪,又能发现大自然的什么特征呢?——今天我们学习第4课《索溪峪的"野"》。

第二步,初读课文,了解大意。

请同学们自由读课文,把课文读通读顺,读熟练,看看索溪峪的"野"表现在哪些方面。

第三步,默读课文,思考课文是怎样写索溪峪的"野"的。

学生默读,汇报交流,教师引导:(1)按照山野、水野、物野、人野的顺序写的。(2)每一个方面的描写,作者也都按一定的层次,并且运用了多种修辞手法,有比喻、拟人、排比、夸张等。文章写得层次清晰,语言优美,写景抒情,极具魅力。(3)这么美丽的景物描写,源于作者对大自然无比的热爱,仔细的观察,细心的揣摩,大胆的想象,调集了大量的美词佳句,进行无与伦比的形象描绘。

第四步,学习作者这种观察、思考、描写的方法,写一写家乡的一处美景。

按照一定的顺序,注意一定的层次,抓住景物的特征,调动大脑的储存,汇聚丰富的语言,看谁能把家乡的美景写得吸引人、感动人。

第五种,比较阅读式。

这种教学模式,适合把同题、同类课文放在一起进行对比阅读。学生在对比阅读中,能更准确地把握课文思想内容,体会思想感情,领悟表达方法。课文在比较中更易鉴别,鉴赏中更易把握。其教学流程如下:(1)谈话,导入新课。(2)初读,了解大意。(3)把握重点,体会情感,领悟表达;阅读另一篇同题、同类文章,找出两篇文章在思想内容、语言表达方面的异同。(4) 总结运用比较阅读所获得的学习经验、学习体会。

教例：学习《跑进家来的松鼠》（六上）一课，我引导学生与本单元前一课《老人与海鸥》进行对比阅读。教学流程如下。

第一步，谈话，导入新课。

同学们，关爱海鸥的老人去世了，海鸥们站在老人遗像前，肃立不动，像是为老人守灵，海鸥是一种有情有义的动物。那么，跑进家来的松鼠又为家人做了些什么呢？我们今天学习第22课《跑进家来的松鼠》。

第二步，初读课文，了解大意。

同学们自由朗读课文，把课文读通读顺，读熟练，看看松鼠在"我"家做了哪些事。

第三步，体会松鼠对"我"家的情义。

1. 你最喜欢松鼠做的哪件事？结合具体的描写，谈谈你的体会。——充分品读，体会松鼠对"我"家的情。

2. 松鼠对我家这样好，"我"家待松鼠又怎么样呢？——品读爸爸的话和"我"的议论，这些都表现了一家人对松鼠的爱。

3. 引导学生领悟作者的表达方法——通过写松鼠在"我"家做的几件事，表现松鼠的可爱，同时表达了作者对松鼠的喜爱之情。

4. 回忆本单元前一课《老人与海鸥》，其表达方法与本课不同：前一课是通过老人对海鸥做的一些感人的事情，表现老人对海鸥的关心与喜爱；而本课却是通过写松鼠在"我"家做的一些有趣的事情，体现"我"们一家对松鼠的喜爱。

第四步，总结学习经验。

内容相似的课文进行比较阅读，表达方法的异同可以明显地看出来。比较阅读是一种很好的阅读方法，我们以后要注意运用，经常进行这样的延伸性阅读；写作文时也要注意学习、借鉴，采取多种方法表达思想感情。

注重精读

——提升学生文本阅读的综合理解力

精读课文是对学生进行语文方法的教学、语文能力的培养最主要的凭借，它是各种版本的语文教科书最重要的教学内容，也是广大语文教师投入教学精力最多，是语文教育研究者投入研究精力最多的一项教学内容。可以这样说，语文教学质量的高低主要看精读课文的教学质量，语文教师教学水平的高下，也主要看精读课文的教学水平。语文课主要看精读课，精读课主要看什么？看综合理解力。《语文课程标准（2011年版）》对精读的评价第一句话便是："精读的评价，重点评价学生对阅读材料的综合理解能力，要重视评价学生情感体验和创造性的理解。"因此，在小学语文教学中，我们必须重视精读，提升学生对文本阅读的综合理解力。

一、精读教学怎么样？

精读教学怎么样，就是说教师教得怎么样。

教师教得怎么样，应该从学生身上看，从课堂看。我从事小学语文教学研究20年，每年我要听二三百节语文课。听课的范围从县内到县外，从省内到省外。我觉得，我们的语文教学一直效率不高，一直遭到社会的诟病，问题主要出在精读课上，根子也主要存在于精读课上。纵观20年的听课情况，我发现精读教学的主要问题，是教师只偏重于理解课文内容，体会课文思想，而忽略了对学生进行语文学习方法的传授，忽略了学生语言文字运用能力的培养。老师们的语文课，主要是帮助学生读懂课文，感悟思想，受到教育，而不是重点培养学生阅读与表达的能力，提升语文素养。语文教学以理解内容为主，以培养语文能力为次。主要表现在以下两个方面。

（一）学生学习一篇课文的收获，主要是思想内容方面。

我曾经不止一次地调查学生学习一篇课文的情况。学过《孔子拜师》（三上）我问学生："学了这篇课文以后，你最主要的收获是什么？"学生答："我最主要的收获是，知道了孔子虽然学识渊博，远近闻名，但仍虚心好学，到千里之外去拜师。我们应该向他学习。"学习了《乡下人家》（四下）我曾经问学生："《乡下人家》这篇课文写得很美，学习了这一课，你的最大收获是什么？可以从语文学习多个方面去想。"学生想了一会儿，告诉我："给我留下最深刻的印象，也是最主要的收获，是知道了乡村生活很美，很有趣，乡下人日子过得很快乐。"学习了《新型玻璃》（五上）一课，我问学生："通过这一课的学习，你的最大收获是什么？可以从多个方面去想一想。"学生看看我，笑笑说："我知道了有五种新型玻璃，尤其是防盗玻璃很好玩，可以防小偷。"……

教师教语文，主要让学生收获了思想内容，留下印象最深的也是思想内容，而不是课文中"语文"的东西，不是语文方法的习得，能力的培养，不是语言文字运用。这样的语文课，不只是少数，而是多数；不只是过去，现在也有这种现象。2011年版语文课程标准提出了语文教学要引导学生学习语言文字运用，但实际课堂落实得并不好。上公开课的教师（这只是指那些比较自觉地践行课标精神的教师）还有些注意语言文字的运用，再说那是上给别人看的示范课。而平时的家常课，许多教师在课堂上主要是引导学生以读懂课文思想内容为目标，以理解思想内容为主线。老师们上语文课大都采取这样的模式："初读课文，了解大意—抓住重点，深入领悟—总结课文，布置作业。"这样的教学模式，正是为理解课文思想内容服务的模式。至于学习阅读方法，学习语言表达方法，语言积累运用，那是极为次要的，是零星地散落于教学过程之中的，是教师和学生都不太在意的。老师们讲完课了，便让学生做作业，做练习，诸如抄写生字，抄写词语，组词、造句、改病句等。这些作业与练习都是离开了课文学习的具体情境，单纯地为应付考试服务的，是为了学生争分数、为老师争面子服务的，对提升学生实际的语文能力没有多少帮助。

教师之所以抱着理解课文思想内容不放，抱着"教课文+做练习"的教学模式不丢，其主要原因有三个：一是跟他过去的语文老师学习的。他过去的语文老师就是这样教的，就是以让学生理解课文思想内容为主要教学目标与教学任务。二是教师多年养成了教学的坏习惯，不论课改怎么改，课标怎么说，而他的坏习惯却很难改掉。三是"教课文"是一件比较容易的事情。因为"内容人人看得见，含义只有有心人得之，形式对于大多数人是一个秘密"（歌德语）。"内容人人看得见"——备课易发现，上课有讲头。对于一个不负责的教师，他当然要就易避难，大讲特讲思想内容。以"教课文"为主要教学任务的语文课，产生的不良后果是：教师在课堂上教得省力，讲得起劲，但学生听起来却无味，因为"内容人人看得见"。学生听课无味、无趣，实际语文水平却没有提高。怎么办呢？课内损失课外补。课外让学生大量地写作业，做练习，能考试就行，加重了学生的学习负担。学习的结果是：许多学生只是写作业的行家，考试的能手，但却没有多少真正有用的语文能力。不仅如此，由于机械抄写，负担加重，还让学生产生了厌学的心理，失去了语文学习的乐趣。一个不负责任的语文教师，害人不浅呀！

（二）学生语文能力的严重丧失。

1. 精读课上没有习得阅读方法，阅读能力没有得到真正的提高。

你任意去问一个语文教师，问学生的语文考试失分最多的是哪方面，他会不假思索地回答："是阅读和作文。"学生语文考试，最怕考阅读分析。有的老师甚至说，学生的语文考试，作文还稍微好一些，最怕的就是阅读。因为他在课外背了大量的"优秀"作文，考场上可以改头换面，可以套作。作文不论写真写假，写孬写好，他能写出来，能糊弄成篇。糊弄成篇，字数又不少，就不会太失分。而阅读分析题，他没地方抄去，没地方套去，所以学生失分最多。诸如概括课文的主要内容，联系上下文理解词句的意思，体会文章的思想感情，发现文章的表达方法，联系实际写感受等，这些题目考的都是学生实际的阅读能力。学生怕阅读分析，不仅表现在考试方面，更突出地表现在平时的作业之中。老师平时让学生做《基础训练》、《单元练习》等，一些学生一遇到阅读分析题，就跳过去，不做了，或随便潦草地应付写上几句。学生阅读文章能力的欠缺，主要是因为精读课上教师没有对学生进行阅读方法的教学，没有进行阅读能力的训练。

2. 精读课上没有习得写作的方法，学生缺乏真正的写作能力。

几年前我曾经到中学作过调查。我除了让中学语文老师谈小学输送的毕业生语文学习方面存在的问题，还让他们给小学语文教师提一些教学建议。中学语文教师殷切希望小学语文教师，语文课上要对学生加强写作方法的教学，写作能力的培育。他们说，许多学生升到了中学，连最基本的记叙文也不会写。这些学生，不会观察，不会选材，不会立意，不会组材，不会列提纲，不会修改，只会造假。从学生升学考试的分数看不出语文的实际能力。因为应试教学，大部分学生获得的是一种伪能力，不是真正的语文能力。再看我们的课堂，大量的精读课，把阅读与写作割裂开来。教阅读，想不到作文，只想到内容分析；教阅读，不去引导学生揣摩文章是如何写人的，如何记事的，如何写景的，如何状物的，如何谋篇的。学生写文章不能从阅读文章的课堂上汲取文章的写法，这不是笑话吗？难道从作文课上学吗？其实，作文课的主要任务是"运用方法练习写文章"，而阅读课上才是让学生"阅读文章习得写作方法"。"劳于读书，逸于作文。"北京大学曹文轩教授更明确地告诉我们："讲文本不能不讲文章之道，不能不讲文章之法。"

如果你要说小学语文教师没有很好地引导学生从读学写，读写结合，许多老师可能有意见。他们会反驳你："谁不知道语文教学读写结合的道理？我经常把写挤进课堂，让学生在课堂上进行小练笔。"但从听课可以发现，一些教师在阅读课上进行的所谓"小练笔"，主要是让学生写几句对文章的理解与体会，写几句产生的零星感受。这样的写，从根本上讲，还主要是为理解课文思想内容服务的。语文课堂上的小练笔，应该是既有以写促读，加深理解，体会课文，还要有以写促写，学习语言文字运用。尤其是学习语言文字运用的小练笔，才更具有教学的意义。

3. 精读课上没有习得说话的方法，学生的口语表达能力也没有得到真正提高。

学生的口语表达能力差，不仅表现在课堂上的发言，平时也可以看出来。一些学生回答大人的问话，要么用一个词、一个短语回答，要么只是点头。比如，我问一位三年级的小朋友，问他今天上午上了几节课，他回答"三"。我问一位四年级的小朋友，你妈妈是不是打工去了，他点点头，表示去了。学生和别人进行口语交流为什么"不来词"？他们为什么那么懒得讲话？其主要原因是因为他们在课堂上没有好好地学说话，没有练说话，或者是储存的积极词汇少，内存不足。学生每天学语文，主要是被动听讲，听了以后写作业，做卷子，这些对表达有什么用呢？一些学生疯乱时说个不停，可是一到公开场合，或者在课堂上，让他讲句话，一和别人正式地对话，他却吞吞吐吐，说不出来。学生的口语表达真是一个问题。

学生的口语表达能力差，语文教学难逃其责。一方面是学校里的口语交际课名存实亡，等于摆设；另一方面是学生学习语文的主阵地——阅读课，没有担负起训练学生好好说话的责任。我们平时的阅读课，尤其是精读课，主要是应该让学生留下朗读，留下语言，留下情感，留下方法，留下能力。教师没有让学生做到五个"留下"，导致词汇贫乏，知识浅薄，思维僵化，情感淡寡，能力低下。这样的学生，在口语交际的急迫情势下，他怎么能回答上来呢？读是写的基础，读也是说的基础，是将来发展的基础。学生读得好，阅读课上得好，他才能说得好，才具有较好的口语表达能力。

二、精读教学教什么？

众所周知，"教什么"比"怎么教"更重要，如果"教什么"错了，不论"怎么教"都是无效或低效的。目前语文课出现的问题，大都在"教什么"上。教科书上一篇篇课文，都是以思想内容为显性特征的，老师们的教学便是以思想内容的讲解分析为主要教学任务，以理解课文、体会思想为主要教学目标。而编者的意图却是，语文教学应该在理解课文内容、体会思想感情的过程中，教给学生理解课文的方法，学习课文表达的方法，在教语文的过程中，实现育人的目标。编者内在的意图，课文隐性的东西，教师们没在意，或没看重，只是在意了人人一看便知的思想内容，语文教学当然要高耗低效。课本上容易看到什么，就教学生什么；教学参考书上告诉什么，就机械地告诉学生什么；考试能（要）考到什么，就着重地让学生练什么。教师的教学内容，在乎了以上东西，却不在乎学生成长发展的实际需要。这即是当前许多语文教师的教学指导思想。这是一种非常错误的教学思想。语文教学要真正提高质量，真正提高效益，必须根据学生成长发展的需要，确立教学目标，选择教学内容。学生发展的需要，才是我们的教学追求。那么，我在教学中主要教了学生什么呢？

（一）在阅读理解的过程中，让学生习得语文学习的方法。

语文学习方法，也可以叫做语文学习经验。语文学习经验，不是凭空可以获得的，也不是老师可以直接告诉的。语文学习经验，必须是学生在理解课文内容、体会思想感情的过程中获得的。没有对课文内容的理解、感悟，就没有语文学习经验的获得。这样获得的方法、经验，不是抽象的，而是具体的，是情境化的，是感性的。这样的方法、经验，只有亲自经历学习的人才能获得。这即是在学习中学会学习，在读书中学会读书，学会表达。所以说，理解课文内容，体会思想感情，与获得语文学习方法、经验，应该是紧密联系在一起的。因此，让学生习得语文学习方法，应该从理解课文内容入手。另外，习得语文学习方法与培养学生语文学习能力，也应该是紧密联系在一起的。因为有了方法，再经过实践运用，多次的实践运用，便形成了能力。这里为方便行文，也为方便读者阅读，就语文课习得语文方法、培养语文能力两个方面，采取"花开两朵，各表一枝"之法，分开叙述。下面我先谈在阅读理解的过程中，让学生习得语文学习方法。

一篇课文的理解，"零部件"很多，要理解的东西很碎、很杂。但我认为，一篇文章最重要的东西、最关键的部分，必须让学生理解，让学生把握。根据理解课文"整体—部分—整体"的认知原理，以下的课文内容，必须让学生理解，在理解课文内容的过程中，获得语文学习的方法。

1. 整体感知课文内容。

整体感知课文内容，要在学生充分熟读课文的基础上，对课文从整体上有一个比较全面的把握。就一篇课文来说，一般要让学生整体感知以下几个方面。一是课题，理解题意；二是作者，作者在什么情况下写的这篇文章，因为什么写的这篇文章；三是这篇文章是什么体式的，即文章体裁；四是这篇文章有多少个自然段，可以分为几个部分，弄清课文的条理；五是这篇文章写的大致内容。

让学生对课文内容从整体上有一个较好的把握，教师必须注意以下三点：一是从课题入手，先了解一下基本的信息，比如课题是什么意思，作者是谁，作者在什么情况下写的这篇文章，这篇文章的体式。二是强化初读、熟读，让学生对课文有一个比较充分的了解。——学生把课文读个三五遍，之后把课本合上，回味一下这篇文章大致写了什么，什么人，什么事，什么景，什么物等，把握这些课文内容的表层信息。三是在引导学生整体感知课文内容的过程中，渗透课文学习方法。

教例一：三年级上册《赵州桥》。

在学生初读课文的基础上，应让学生了解以下信息：（1）文章体式——这是一篇说明性文章。文章向我们说明、介绍了赵州桥是什么样子的，以及内部结构。（2）文章的基本信息——赵州桥，是我国河北省赵县的洨河上的一座石拱桥，叫安济桥，又叫赵州桥，是隋朝的石匠李春设计并参与建造的。何为石拱桥？用石头砌成的拱式桥，中部高起，桥洞弧形。这种桥很美，让学生看课文插图。赵州桥已经有1400多年的历史了，它是我国也是世界上现存最早、保存最完整的石拱桥，它举世闻名，对世界桥梁建筑有着十分深远的影响。文章的第一自然段透露出了许多基本的信息，因此初读课文时，要让学生把第一自然段多看几遍。（3）主要内容——文章有四个自然段。第一自然段，写赵州桥在什么地方，主要特点、名称、设计者，以及建桥历史、闻名于世等；第二、三自然段写桥的坚固与美观；第四自然段讲它的意义。

学生通过初读，对课文以上外显信息的了解，可以从中体会到：一是知道了向别人介绍一处建筑物时可以采取"总分式"。二是在具体介绍建筑物时，还要按照一定的顺序，从外形特点的大观描写到局部的精细刻画，中间用过渡句把二者有机地连接起来。这些是在这一课初读课文的过程中所获得的学习方法。

看来，初读课文时的整体感知课文内容不能太匆忙，不能走过场。初读得充分一些，学生从宏观上对文章内容了解得多一些，这为进一步地理解课文打下了坚实的基石。另外，"初读"也能读到"语文"的东西，也能收获语文学习的方法。我们听名师上课，比如听于永正老师上课，他能让教学的每一环节都学到"语文"的东西，都有教学的意义，能够增值。

教例二：五年级上册《落花生》。

学生充分地初读之后，应了解以下主要信息。

第一，课题"落花生"是什么意思？——"落花生"也叫做"花生"。我们通常都知道花生这个名字，为什么把花生又叫做落花生呢？——花生开花后，花落在地上，花茎钻入泥土而结果，所以又叫落花生。

我教这一课时，听课老师看我让学生明白"落花生"的意思，都很佩服。认为我注意了这个细节，他们上课没注意到。我曾经听不少老师讲这一课，他们没有让学生了解题目的这个意思。听了课以后我问学生，你们知道为什么把花生叫做落花生吗，大部分学生都说不知道。

理解一篇文章，必须先理解一下题目，这是理解文章本身的需求，也是学生阅读理解的心理需求。我们不能不顾课题，不顾学生实际，直奔正文。学生读懂了题目，能帮助理解正文。这是我们让学生积累的语文学习的一条经验。

第二，了解作者。这篇课文的作者是许地山。课文后面有关于许地山的"资料袋"介绍。可以让学生读一读，了解一下作者及写这篇文章的目的——作者是一位进步的文人，他写这篇文章，是以落花生作比喻，勉励自己要做具有花生品格的人，同时也以此教育子女，让他们也做花生一样的人。课文后面如果没有"资料袋"，教师也可根据理解课文内容的需要，查一下有关资料。

了解作者得知，课题是"落花生"，但并非只是向我们介绍花生这种植物，而是另有所喻。题目与内容有较大差异，这会让读者有了阅读的兴趣，产生了陌生感。同样一个题目，可以从不同的角度立意、选材，这又学到一条写作方面的经验。

第三，了解体裁。这是一篇散文，是一篇以事喻理的小散文。作者叙的什么事，喻的什么理呢？我们该如何读这篇文章呢？——学生明白了文章体裁，把握体裁的特点，能产生阅读的期待。阅读一篇文章，有强烈地阅读期待，十分有利于下一步对文本进行深入的阅读，这也是一条宝贵的阅读经验。另外，了解了文章体裁，也增加了学生文体方面的知识，对语文学习也是有帮助的。

第四，初读课文，了解大意。学生自由朗读课文，识字学词，把课文读正确，读通顺，读熟练，把握大意。——全文15个自然段，主要写父亲与我们兄妹几个一起吃花生、议花生，谈花生的品格。父亲希望我们也做像花生一样的人："人要做有用的人，不要做只讲体面而对别人没有好处的人。"

第五，提示学生组织好语言，对课文内容有较好的概括。——组织好语言，即向别人介绍课文的主要内容之前，要想好介绍的先后顺序：哪些人，做了什么事，结果怎样。学生从汇报交流中，可习得口语表达的经验。

教例三：二年级上册《从现在开始》。

学生在初读课文、识字学词的基础上，了解一下课文的大致内容：第一，这是一篇动物童话故事。同学们都喜欢动物，也喜欢读动物童话。看哪位同学能把课文读好?——了解体裁,激发阅读兴趣。第二,课文写了哪些动物呢?——猴子、猫头鹰、袋鼠、小狮子。这几个动物之间发生了什么事呢?狮子想找一个动物接替他做"万兽之王",每个动物做一个星期,谁做得好,谁就是森林里的新首领。结果,猫头鹰和袋鼠都没当上,只有小猴子当上了,这是为什么呢?——了解大致内容,造成悬念,又形成了阅读期待。从这个教学过程,可以让学生获得一条学习经验:我们阅读一篇文章,从整体上了解了大致内容,要自设一些问题,期待问题的解决,这样能调动自己主动思考的积极性,有利于进一步的深入阅读。

从上面举的几个例子可以看出,整体感知课文的主要内容,并非每篇课文必须注意五个方面。教师可根据理解课文内容的具体需要,灵活安排。比如,低年级的许多课文,就不一定要让学生先理解题意、了解作者、写作背景、文章体裁什么的。只有那些内容比较复杂一些的,对理解课文内容有障碍的,才能让学生在深入阅读理解之前,多了解一些课文的外显信息、基本信息。

2. 联系上下文理解体会词句。

联系上下文理解体会词句的意思,这是整个小学阶段学生具备的一项非常重要的阅读理解能力。学生理解、品味了重点的词句也为进一步理解、体会课文思想内容奠定了基础。联系上下文,理解品味词句,要把握两个方面。

第一,教会学生能够找到课文的重要词句。

听课中发现,老师们要求学生"默读课文,画出重点词句,联系上下文理解它们的意思",学生默读过后交流时,所画出的"重点"词句大相径庭。有的学生画了这些词句,而有的学生画了那些词句。班级里许多学生不能准确发现哪些才是理解课文的重点词句。

看来,让学生联系上下文理解体会重点词句,首先应教会学生能找到课文的重点词句。一是让学生静心地阅读课文,了解全文的主要意思;二是看看课文的主要意思都集中表现在哪些段落;三是在这些重点段落里面找到重点的词语、重点的句子。经验告诉我们,全文的重点词句一般在文章的开头或结尾,当然也有处于中间过渡段里的。这些经验应该让学生通过实践去验证。

第二,联系上下文理解体会重点词句的意思。

联系上下文理解体会重点词句的意思,即联系上下文的语言环境,看看在上下文的语境下,这些词、这些句该有什么特殊的意味,有什么情境意味。在一个重点句子里面,重点词的意思弄清楚了,那么重点句的意思也比较容易理解了。所以,理解体会重点的词语,是理解体会句、段乃至全篇文章的关键。这正是为什么在整个小学阶段都要把理解词语作为理解课文的基础及重点的原因。另外,一个词语,在没有进入上下文的语言环境之前,它的意思是一般意义的,是抽象的,是没有什么情趣的,而一旦进入了上下文的语境,意思就丰富了,有情趣了。

引导学生联系上下文理解体会词句的意思,要注意几个方面。一是在重点句子里面要抓住重点词的理解与体会。二是看这个重点词在词典里有几个义项,从这几个义项里选择一个义项,作为该词语在上下文语境下的基础义项。三是有了这个基础义项,然后再联系上下文语言环境,思考这个词在上下文的语境下生动而丰富的情境意味。四是让学生习得相应的语文学习方法。请看下面的例子。

教例一:三年级上册《爬天都峰》。

从全文来看,文章最后一个自然段写爸爸说的一句话,应为该篇课义的重点段和重点句。——爸爸听了,笑着说:"你们这一老一小真有意思,都会从别人身上汲取力量!"这句话当中的"真有意思"是应该重点理解的词语。可有的老师教学中,却把"汲取力量"作为重点词了,这是不妥的。

"真有意思"中的"意思"一词,《现代汉语词典》里有六个义项,其中一个义项为"情趣、趣味",应为该处的基础义项。这一老一小是怎样有情趣的呢?——天都峰是又高又陡,登峰的人一老一小。这一老一小相互鼓励,向对方学习,终于都爬上峰顶了。他们在登峰的过程中,不怕山高,不怕峰陡,都忘记了自己的年龄,都会从别人身上汲取力量,最后都成功登峰。本来是很难办到的事情,结果借助他人的力量给自己鼓劲,把难办的事情办成了，这一老一小不是很有意思、很有情趣吗？这一老一小"真有意思"即"真有情趣"，"真有情趣"即都会从别人身上汲取力量，给自己鼓劲，把本来自己觉得不能办的事情都办成了。这句话也会给每一个读者带来启迪：能否做成一件事，关键看你在困难面前有没有智慧，有没有思路，有没有信心，有没有决心；人有了智慧，有了思路，有了信心，有了决心，就有力量，就有可能把事情办成。这即是"真有意思"在上下文语境下的丰富意蕴。这次教学我让学生明白，联系上下文理解词句，能发现词句比较丰富的情境意义，能让人把短文读长，把薄书读厚。联系上下文理解词句是一个非常重要又非常好的语文学习方法！

教例二：六年级上册《詹天佑》。

浏览全文可以发现，文章第一自然段中的第一句话"詹天佑是我国杰出的爱国工程师"，是全文的重点句，而"杰出"一词应为全文最为关键的词语。查字典可知"杰出"一词的意思是"（才能、成就）出众"。从课文来看，詹天佑的"杰出"主要表现在他冲破外国阻力，独立地设计并主持修筑了我国第一条铁路干线——从北京到张家口这一段铁路，即京张铁路。

具体地说，詹天佑的"杰出"表现在两个方面：一是他克服来自各方面的困难。有外国人的轻蔑、嘲笑、阻挠，给修路人造成的心理压力，这是人为制造的精神上的困难；还有自然条件恶劣、工程本身的困难，一路都是高山深涧，悬崖峭壁；勘测线路时，狂风怒号，黄沙满天，一不小心还有坠入深谷的危险；开凿居庸关和八达岭两条隧道工程最为艰巨；"人字形"线路的设计，让火车顺利地爬上了青龙桥附近陡峭的山坡。二是京张铁路不满四年全线竣工，比计划提早两年。不论来自哪方面的困难，詹天佑都克服掉了，做出成绩了，而且提前竣工了，这正是詹天佑的"杰出"之处。詹天佑接受清政府任命，亲自设计并主持施工，修筑了京张铁路，为中国人争了口气，所以他也是一位爱国工程师。这个重点词句的理解与体会，我让学生明白了文章之道——一篇文章往往围绕某一句话、一个词语而铺陈展开，叙事抒情，这给学生读文章、写文章，都是一个很好的提醒。

3. 不能忽视段的教学。

听课中发现，新课改以来的语文教学，对段的教学好像不那么看重了。教学中，往往是理解、体会了重点词句，体会了课文思想感情，就进入总结课文、向外拓展了。大家知道，理解体会段是从理解体会词句到理解体会篇的桥梁。而忽视了段的教学，学生也可能体会了文章的一些思想，但体会得往往不全面，不深刻。更为严重的后果是，忽视了文章段的教学，学生弄不明白文章的内部组织结构，这正是造成学生写作文写不了完整的一个自然段、段与段之间衔接不紧凑、前段不搭后段、层次不清的主要原因。加强了段的教学，有利于学生理清文章层次，有利于对篇的把握，对学生的阅读与写作都是有好处的。人民教育出版社资深编审周正逵先生告诉我们："其实，任何一个结构完整的段，如果加上题目，就是一篇小文章。因为文章的要素在段里全部具备。所谓麻雀虽小，肝胆俱全。"理解好段是理解篇的基础。所以，我们不能忽视段的教学。

（1）低年级应引导学生认识自然段、理解自然段。

具体来说，要注意三点。一是认识自然段，一个自然段中表达一个完整的意思。二是弄清自然段有几句话，有中心句或重点句的，就让学生找出自然段的中心句、重点句，把握自然段的意思。自然段的中心句或重点句，往往在一个自然段的开头或末尾。三是弄清自然段里面句子之间是怎么连接的，它们之间是一种什么关系。这既有助于具体地理解段意，又有助于训练学生思维的条理性。当然，低年级的教学，主要是针对一篇文章中比较大的段落，重点的段落，在全文当中起关键作用的段落。

教例一：二年级上册《我是什么》第一自然段。

我会变。太阳一晒，我就变成汽。升到天空，我又变成极小极小的点儿，连成一片，在空中飘浮。有时候我穿着白衣服，有时候我穿着黑衣服，早晨和傍晚我又把红袍子披在身上。人们管我叫"云"。

这个自然段共有五句话。第一句总起句，中间三句说明"我"是怎么变的，第五句是人们给"我"起的名字。从全段来看，这是"总分总"的关系。中间三句为递进关系：水→汽→云。这个自然段的理解，学生可获得三点经验：一是从整体上了解了自然段结构的一种"总分总"关系，这是最常见的也是最基本的构段方式，我们应该把握。二是分析局部可知，向别人介绍一种事物，要按照一定的顺序，有一定的条理。三是尽量把话说得生动一些，形象一些。这样，你说的一段话不但完整、清晰，而且也显得生动有趣，能提高说话的效果。

教例二：二年级下册《恐龙的灭绝》第三自然段。

另一种说法是，宇宙行星撞上了地球，尘埃把太阳遮住了，地球上一片黑暗。因为没有太阳光照射，植物大量枯萎、死亡，那些以植物为食物的恐龙和其他动物，渐渐地死去了。随着动物的减少，食肉的恐龙找不到足够的食物，也渐渐地灭绝了。

这个自然段有三句话，介绍恐龙灭绝的一种说法。这三句话是按照因果关系介绍的。前两句为因，第三句为果。这个自然段的教学，学生学到了自然段内部结构的一种因果关系。句与句之间的因果关系，也是最经常运用的关系，我们应该把握。我们向别人表达一个意思，说清楚了因为、所以，别人便能听得明白。

低年级教学注意了自然段，学生不仅透彻理解了自然段，而且还能从中学到段的知识，对学生读懂一段话，说好写好一段话，都有不小的帮助。

(2) 中年级应引导学生关注意义段。

中年级关注意义段，可以结合课文的理解，对学生适当地进行分段和概括段意的训练。对中年级的学生适当地进行分段和概括段意的教学，具有重要的意义。请看下面两个例子。

教例一：三年级上册《灰雀》。

课文后面有生字，有思考练习。思考练习有三题：一是分角色朗读课文；二是我发现了列宁非常喜欢灰雀，你发现了什么，说一说；三是把课文中描写灰雀的句子抄下来。概括起来即是识字学词、抄写句子、理解课文、体会情感、有感情朗读。从这些要求可以看出，理解课文内容、体会思想感情主要是运用朗读的方法，《教师教学用书》上的教学要求与建议和教科书课后练习大致一样，都没有让学生通过分段、概括段意的方法。但我认为，这篇课文比较长，自然段比较多，有13个，若能让学生给课文分分段，概括一下段意，理一理课文的条理，不仅有助于学生理解课文内容，体会思想感情，而且学生可能还会有更多一些的收获。

全文13个自然段，按照事情发展的顺序，可分为两大部分：第一自然段为第一部分，写列宁非常喜爱三只灰雀；第二至十三自然段为第二部分，写三只灰雀中的一只失而复得的一个小故事。文章的重点为第二部分。这部分又可分为三层：一只灰雀不见了→列宁与一个小男孩谈论那只丢失的灰雀→小男孩又把灰雀送来了。第二部分的重点是列宁与小男孩关于那只丢失灰雀的对话，通过对话展开故事情节，表现人物的思想。从人物对话体会人物思想，必须采取分角色朗读的办法，因为分角色朗读，可以体会人物的角色心理，揣摩人物语言的言外之意。学生经过这样一个学习过程，他们所获得的不仅仅是思想内容的理解、体会，还有更多的关于"语文"的东西：

一是文章可以通过人物对话展开故事情节，表现人物思想。二是从人物对话中体会人物感情，必须揣摩人物各自不同的角色心理，分角色朗读，这就是课后练习第一题为什么提出分角色朗读课文的原因。学生明白了编者的意图，便会增强练习分角色朗读的自觉意识、主动意识，提高分角色朗读课文的质量。三是从行文来看，文章叙述人物对话，一般要分段叙写，一个人说了一次话要占用一个自然段，这样便于读者朗读、揣摩、思考。如果把本文人物的十几次对话都放在一个自然段里写，段落显得臃肿，行文显得凌乱，当然也不利于读者的朗读。

这即是说分段和概括段意，能把课文的表达看得更清楚一些，能让学生获得更多一些的"语文"的东西。只要我们在分段和概括段意的教学过程中，不在思想内容的分析上有过多的纠缠，而注意在这个过程中引导学生学到"语文"的东西，学习读写的方法，那么适当的分段和概括段意的训练，很有必要，对提高学生的读写能力很有帮助。

教例二：四年级下册《鱼游到了纸上》。

课文后面有生字及思考练习。思考练习有四题：一是从课文中受到启发，有感情地朗读课文；二是体会聋哑青年为什么能把鱼画得那么活灵活现，惟妙惟肖；三是把描写聋哑青年外貌和他看鱼、画鱼的句子抄写下来；四是小练笔，把围观人议论的情景写下来。概括起来，即是识字学词、抄写句子、理解课文、体会人物。这篇课文有14个自然段，从全文来看，可以分为两部分。第一部分（1—2自然段），写"我"喜欢去西湖的玉泉喝茶、赏鱼；第二部分（3—14自然段），写"我"在金鱼缸边认识了一位爱好画画的聋哑青年，他经常在这里专注地看鱼、画鱼。第二部分又可分为三层：第一层（3—4自然段），写这位聋哑青年老是一个人在那里静静地看鱼；第二层（5—11自然段），写这位聋哑青年静静地画鱼，把鱼画活了，鱼好像游到纸上了；第三层（12—14自然段），这位聋哑青年用笔告诉"我"，他为什么能把鱼画活了。文章的两个部分，重点为第二部分。这部分通过"我"的观察，运用第一人称，描写这位聋哑青年。

  这次分段和概括段意的教学，我让学生不仅很好地理解体会了这位聋哑青年的执着、勤奋的品格，而且有了更多"语文"方面的收获：一是学习"我"是如何观察人物的。——以一位表现很特别的聋哑青年为主要观察对象，对这位主要观察对象进行全面、仔细的观察，注意他的言谈举止，同时还要留意周围人对这位主要人物的议论、评价；只看还不行，有时还要与观察的人物进行交谈。只有进一步与人物进行对话，才能了解人物的内心世界，方能由表及里地认识人物。二是"我"是如何描写人物的。——从第二部分12个自然段来看，作者有对人物行动的描写，也有对人物语言的描写。写人的文章，应多为客观的细致描写，少有主观的概括性叙述，这样才能使人物显得真实、生动，如在眼前。三是同样描写人物的语言，为什么有的地方加了引号，如写那个小女孩的赞叹，写"我"的夸赞，而有的地方未加引号，如写这位聋哑青年的话，这是为什么？这是因为加了引号，是把人物说的话原原本本地引了下来；不加引号，是作者根据人物说的话进行了大意转述。另外，作者还把小姑娘说的一句赞叹的话作为文章的题目。把这句惊奇而典型的赞语作为文章的题目，不仅突出了文章要表达的中心，突出了作者的思想感情，而且还能使文题显得生动、有趣，不那么呆板，让读者看到题目产生一种疑问，一种陌生，引起往下阅读的兴趣。

　　对学生进行分段和概括段意的教学，不仅可以在中年级根据课文理解的难易及学生的理解水平而恰当的进行，高年级也可以进行。因为高年级的课文篇幅更长一些，自然段更多一些，有的课文有二三十个自然段，内容也更加复杂深奥一些。进行分段和概括段意的教学，目的是让学生更好地理解、体会课文，但教学过程中却能让学生获得丰富的"语文"。分段和概括段意，这是我国传统的语文学习方法，过去老师们在运用这种方法教课文时，出了一些问题。可是在新课改的今天，我们不应该因噎废食，全盘否定，要根据教材和学情，灵活地、创造性地加以运用。这可能也叫做返璞归真吧！

　　4. 全面把握篇章的教学。

　　《语文课程标准（2011年版）》在第三学段的教学目标与内容中指出："在阅读中了解文章的表达顺序，体会作者的思想感情，初步领悟文章的基本表达方法。"从听课中发现，老师们落实这一要求，一般注意了解文章的大致顺序，体会作者的思想感情，而对于"初步领悟文章的基本表达方法"却做得不够理想。"初步领悟文章的基本表达方法"，即作者在文章中表达思想感情的方法。对于"基本表达方法"，老师们的教学比较看重作者在文章局部一些具体的描写方法、叙事方法。比如，写人的文章，比较关注作者是如何通过人物的外貌、语言、动作、神态、心理以及环境的描写，来表现人物，抒发感情的；记事的文章，比较关注作者是如何把事情写具体、写细致的，从而在具体细致的叙事过程中表达作者的思想；写景的文章，比较关注作者是如何抓住景物特点进行具体描写，在具体描写中，表达作者对所写景物的喜爱之情；说明状物的文章，比较注意具体的说明方法等。总之，对于文章基本的表达方法，老师们关注局部比较多，关注描写、记叙、说明的具体方法比较多，这是有些片面的。其实，对高年级来说，篇章教学还有一个重要方面被老师们忽视了，那就是篇章结构的教学。篇章结构的教学内容，诚如上海老教育工作者何以聪先生所说，应包括"文章各个组成部分之间的内在联系,每一部分和整篇文章的内在联系,作者布局谋篇的思路,还包括立意、选材、组材、过渡、照应、开头、结尾等内容"。教学中如果注意了篇章结构的教学,注意了文章的各个部分以及它们之间的结构关系,这样就能帮助学生弄清作者表达思想感情的思路,从而提高学生对文章的宏观把握能力以及写作的布局谋篇能力。请看下面几个例子。

教例一:五年级上册《狼牙山五壮士》。

老师们在教学中,在引导学生弄清课文叙述顺序的基础上,抓住描写五壮士动作、语言、神态的句子,理解体会人物的英勇,有感情地朗读,就完事了。而我在教学中,除了让学生理解体会了描写人物动作、语言、神态的句子,又让学生从全局的角度对文章的表达有个整体把握。——从全文来看,文章的布局谋篇有详有略。全文五个部分,"痛击敌人"、"顶峰歼敌"和"跳下悬崖"三个部分为详写;而"接受任务"、"引上绝路"两个部分为略写。这种有详有略地安排材料,不仅能更好地表现人物,而且还紧扣了文章的题眼"壮士"一词,详写的三个部分正好集中表现了五壮士的"壮"。从篇章的角度来看文章,学生明白了写文章要注意材料的合理安排,不仅注意有一定的顺序,而且还要注意详略得当。有详有略地布局,能更好地表现人物,突出主题。我们读文章要注意发现作者表达的奥妙,写文章也要注意学习、运用。

教例二:六年级上册《穷人》。

老师们在教学中通常比较关注的是,让学生在文中找到描写环境和人物对话、人物心理活动的语句,有感情地读一读,看看桑娜和渔夫是怎样的人,即体会文章环境描写、人物心理描写以及人物对话描写对表现人物的作用。其实,若能进一步引导学生从篇章结构方面去把握,学生可能会对文章有更为深入的理解体会:一是看文章的立意。课题是"穷人",但课文内容主要不是写穷人如何的穷,而是写穷人之间的爱,写桑娜和丈夫在自己已经有五个孩子的情况下,又去收养死去的西蒙留下的两个孩子的故事,这足以看出穷人的高尚品格。这个立意比较新,一反人们的惯常思维，这对高年级的学生的作文立意是一个启发。二是从文章的布局看，作者为表达穷人之间相互关爱这个主题，文章三个部分的安排也比较合理：桑娜焦急不安地等待丈夫回家（1—2自然段）→桑娜把死去的西蒙的两个孩子抱回家，忐忑不安地继续等待丈夫回家（3—11自然段）→丈夫回到了家，听到妻子介绍西蒙的情况后，主动提出要收养西蒙的两个孩子，夫妻俩的想法不谋而合，桑娜一颗"不安"的心终于安定了（12—27自然段）。作者以桑娜心理活动的变化为行文的思路（焦急不安→忐忑不安→终于安定），来表现人物。通过继续对文章布局的分析，学生明白了：写文章除了要讲究立意的新颖，还要有表达立意的清晰思路。思路要沿着一条线，顺着心中的情。"作者思有路，遵路识斯真。"（叶圣陶语）对这篇课文的学习，学生既从局部把握了环境描写、人物心理描写、人物对话描写的作用，又从整篇把握了文章立意之新以及明晰的文路，这对学生读文章、写文章都有较大的收益。

教例三：五年级上册《鲸》。

这是一篇说明文。教师们教说明文比较注意两个方面：一是文章说明的事物有哪些特点；二是说明的方法，如列数字、作比较、打比方、举例子等。如果继续引导学生从篇章结构去看说明文，学生可能会有一些新的发现。——就本课来说，全文五个自然段，是按照形体（1—2自然段）→分类（第3自然段）→生活习性（4—7自然段）的顺序来介绍的。这个介绍顺序符合人们认识事物的心理特点。这给学生阅读说明文以及写说明文都是一个提醒：一是按照从外形特点到生活习性的顺序介绍，一般不要一开始就向别人介绍动物的生活习性。二是以介绍动物的生活习性为重点，为主要篇幅。三是介绍动物的生活习性，要抓住各种动物特有的习性，与别的动物不同的习性。比如，本课介绍鲸的进食、呼吸、睡觉等，都与别的动物截然不同，很有意思。只有抓住了动物的独特之处去写，才能让读者增加见识，写的文章才更有意义。还有，老师们教说明文一般不太注意说明文的语言。其实，仔细看这些说明文的语言，它们和其他文章也有明显的不同。说明文的语言准确、简练、清楚明白、平实通俗，而又不乏生

091

动有趣。学生注意了说明文语言的特点，对写说明文又是一个帮助。

篇章结构的教学，包括分段和概括段意的教学，都是传统的语文教学内容，可是在新课改的语文课堂中，这些传统的东西，这些对学生读写能力有用的东西，好像淡出了课堂。语文教学传统的东西，往往体现了语文学习的本质。在新课改的今天，在不断提倡语文创新的今天，我们千万不能忘记"在继承中创新"的道理，尤其我们学习的是母语，千万不能忽视传统的母语学习经验。

5. 增强语文学习方法的教学意识。

要提高语文教学效率，必须增强语文学习方法的教学意识。语文教学，必须让学生在语文学习的过程中，习得语文学习方法，获得语文学习经验，提升语文学习能力。必须以学到方法、增加经验、提升能力为教学的价值取向。语文教学中，理解体会词句、理解体会段篇是必需的，但这些并不是语文教学的最终目的，最终目的是应该在理解课文内容、体会思想感情的过程中，让学生学到语文学习方法，积累语文学习经验，提升语文学习能力。许多语文课之所以出问题，之所以效率低，就在于教学以理解、体会思想内容为目的，为价值取向，淡化或忽视了语文学习方法的教学，忽视了能力的培养。

下面仅以如何在理解、体会词句的教学过程中，增强语文学习方法的教学意识，来谈谈这个问题。语文教学中，写人文章，当然要通过对人物语言、动作、神态、心理乃至环境描写的词句，理解体会人物的思想感情；叙事的文章，当然要抓住对事件情节的具体细致描写的词句，读懂故事内容，体会作者在故事中蕴含的思想；状物的文章，当然主要注意作者对景物特点描写的词句，体会作者在写景状物中所抒发的感情。问题是，语文教学不能仅是理解了词句，体会了词句蕴含的思想而止步，不能仅以此为目的，要继而让学生从中感悟、总结发现语文学习方法，获得语文学习经验，从阅读中学习阅读，学习表达。

教例一：三年级上册《孔子拜师》。

第二自然段有这样一句话："曲阜和洛阳相距上千里，孔子风餐露宿，日夜兼程，几个月后，终于走到了洛阳。"——引导学生从这句话感受孔子的虚心好学，仅凭单纯的朗读还不行，还必须让学生通过查阅资料，了解两千多年前孔子的生活状况，了解那时候是农耕社会，生产水平低下，经济状况落后，物质匮乏，交通工具也极为落后，人们出门要步行，出远门要带干粮，带铺盖，风餐露宿。"上千里"、"几个月"、"走到"，这是什么概念，与现在比起来，是不可思议的事情。另外，从遣词造句看，"风餐露宿"、"日夜兼程"、"终于"三个词，用得极好，既准确精练，又含义丰富，能给读者较大的想象空间，耐人寻味。

通过这句话的理解、品析，我让学生明白：阅读文章，不要匆忙，遇到一些比较难理解的词句，除了可以联系上下文思考，还可以查阅资料，可以联想到现实生活，补充生活经验的不足，这样才能获得对词句完整而丰富的理解；写作文也要注意遣词造句，用词尽量精练，有概括性，以少胜多，让读者有想象的空间，有思考的余地。让人一看便知，一览无遗，不值得咀嚼的语言表达，别人读起来会觉得没味道。

教例二：五年级上册《地震中的父与子》。

文章写道："他挖了8小时，12小时，24小时，36小时，没人再来阻挡他。"——从这句话体会父亲挖废墟、找儿子时间之长，决心之大，意志之坚，爱子心切；同样要让学生联想到当时余震之危险，挖掘之艰难，警察之阻止，众人之离去，只有这位父亲还一个人在那里不停地挖掘、找寻！

一些老师教学这个句子时，让学生理解、体会了以上这些内容即止步了。其实，这里还可以让学生相机学到一些语文学习方法：一是对四个表示时间概念的词语，要联系上下文的语言环境，去理解、体会它们在文章中的丰富意味；二是为了表示时间的漫长，把可以概括表达的一些较大的时间概念，分成几个比较小的时间概念进行表达，这是遣词造句的一条经验；三是几个表示时间概念的词语之间的标点符号，也要由顿号改为逗号，这样也能表示时间的漫长；四是朗读时要注意标点符号的运用，要读出时间的漫长，不能粗心大意。

由上可知，文章的遣词造句很有讲究，阅读时要注意揣摩这些词句的含义。标点符号的运用也很有讲究，它们不仅仅表示句与句之间的停顿，而且可以表达作者的思想感情。因此，我们朗读课文时要特别留意，读出词语的特殊意味，读出标点符号表达的不同感情，写文章时也要小心翼翼，不能胡乱用词，不能随便乱点。

(二) 在语文实践运用的过程中，培养学生语文学习能力。

语文学习的根本目的，是为了培养学生的语文能力。而能力的培养，靠的是语文实践，靠的是语言的迁移运用。上海师范大学吴忠豪教授指出："学生无论是学习语文知识，还是语文方法，都应该遵循从'认识'到'实践'的过程。就如数学老师教数学公式，用三分之一的时间讲例题，然后用三分之二时间让学生做练习题。因为数学老师明白，如果学生不做练习题，就不可能真正掌握这些公式。语文老师在这一点上必须向数学老师学习，不能满足于'教过'，应追求学生'学会'，要严格依据'认识—实践—迁移'的认知规律来设计教学流程。"吴教授所说的"认识"，即在阅读理解的过程中，引导学生总结、发现语文学习方法，并理解这些方法；吴教授所说的"实践"，即学习了方法，就在一定的语境下运用，实践操作一下，实现从"认识"到"实践"的转化；吴教授所说的"迁移"，即从这一情境下的运用向那一情境下运用的迁移，实践经验向语文能力进行转化。语文的实践与运用，有阅读方法的迁移与运用，写作方法的迁移与运用，也有口语表达方法的迁移与运用。

1. 读的迁移与运用。

一是读什么？——学过了一篇精读课文，可以让学生把从课文的理解体会中习得的学习方法，迁移运用到本单元或以后单元略读课文的阅读中，迁移到本册教科书后面的选读课文的学习中，也可以迁移到学生的课外自由阅读之中。读的迁移与运用，若能让学生阅读那些体裁相同、题材相近的文章，迁移的效果可能会更好一些。

二是什么时候读？——既可以放在语文课内，与精读课文同步阅读，现学现用；也可以放在课外，学生对学到的语文学习方法消化体会之后，在课外阅读时自由运用。

三是如何测评？——既可以在略读课文的教学中检测迁移运用的效果；也可以在精读课文的学生自主阅读中进行检测；当然也可以在书面测试的阅读分析中进行检测。

2. 写的迁移与运用。

语文课堂中的写，不仅要注意具体写作方法的学习、运用，如文章当中记叙与描写的方法，也要注意学习作者观察、认识事物的方法，作者构思立意的方法，作者选材、组材、详略安排等谋篇布局的方法等。观察、认识、立意、构思、谋篇布局等，这些都是作者在形成书面文字之前所做的隐性工作，为成篇所做的大量的准备工作。这些工作都是极为重要的。阅读教学中，教师要引导学生推想，作者在成文之前的这些隐性的准备工作是怎么做的。写的迁移与运用，要注意以下几个方面。

一是怎么写？——可以让学生进行仿写。仿写，是我国传统的作文教学经验，它是学习写作的初始阶段的必经之路。学生从范文中学习、仿作，可以减去他们"在暗胡同里摸索之苦"（鲁迅语），可以提高学习效率。低年级可以仿写句式、句群；中年级可以仿写自然段、意义段；高年级可以多进行篇章结构的学习与仿写。中、高年级的学生都应注意学习、运用作者观察、思考与布局谋篇的方法。这方面的学习很重要！

二是写什么？——这里特别强调教师的情境创设，即给学生创设一定的语言情境，让他们先有话可写，让他们打开思路。情境创设切合学生生活实际，他们有想写的内容，然后才容易进行形式上的学习与运用。

三是什么时候写？——一些好的句式、自然段，可以当堂创设情境，当堂运用；仿写片段、成篇的文章，可以让学生在平时写日记、小作文中学习运用，在两周一篇的大作文中更应该注意引导学生学习运用。

四是注意测评。——学生迁移运用的怎么样，主要看学生平时的日记、小作文、大作文，以及语文测试卷中的作文情况。教师进行日记与作文的评价时，要与精读课文的学习比较起来，看哪些同学把课文中的写作方法学得好，运用得好，哪些同学运用得还不够。分析问题，查找原因，并进行及时的补救。

3. 说的迁移与运用。

语文课堂既要重视理解，也要重视表达，要理解与表达并重。可是，上海师范大学教授吴忠豪先生却认为："我国的语文课程用于表达的教学时间不足四分之一，造成语文课的'理解'与'表达'教学时间配置的结构性失调，学生用于说话、写作等表达实践活动得不到保证，学生表达能力低下，这是造成大多数学生'语文不过关'的直接原因。"看来，要确保语文教学质量，课堂上注意训练学生的表达，是一个重点。重视表达，既有写的书面表达，更多的是课堂上随机说的口语表达。语文课堂上重视了学生的口语表达训练，让阅读与说话亲密接触，以说促读，以说促说，以说促写，这是引导学生学习语言文字运用的一个重要方面。所以，语文教师应该在语文课堂上抓住阅读理解过程中各个有利时机，让学生从读学说，进行口语表达的迁移与运用。我在语文课堂上引导学生进行口语表达的迁移运用，注意从以下几个方面入手。

一是回答老师的问题。

这是语文课堂上最常遇到的训练学生口语表达的机会。语文课堂上的阅读理解，教师要经常让学生汇报、交流阅读理解的结果。比如，概括说一说课文的主要内容，谈一谈这一段写了什么，讲一讲人物的性格特点，大家交流一下从这件事得到什么启发，向同学们介绍一下课文所写景物特点，以及讲一讲从这些词语体会到了什么，这些词句的运用有什么作用，说明事物的方法等。在学生回答问题的过程中训练学生的口语表达，一个最关键的问题是，教师要有训练学生口语表达的意识，不能让学生仅仅满足于回答了问题，满足于把话讲出来了，还要要求学生把话说好。学生课堂上回答老师的问题，或者回答同伴提出的问题，要求学生在准备回答之前要注意倾听，耐心思考，弄清提的是什么问题；然后想好从哪些方面回答，按什么顺序回答。学生课堂上回答问题，要能够围绕一个意思，做到声音响亮，自然大方，面带微笑，条理清晰，清楚明白，表达顺畅，礼貌交流。教师要经常要求学生，不论是在课内还是在课外，对别人讲话，有话好好地说，说得好一些，表达得清楚一些，一定能提高口语表达的效果，同时也锻炼了自己的口语表达能力，树立了自己良好的形象。

二是词语的运用。

这也是课堂上能经常规范学生口语表达的一个极好机会。比如：课堂上老师让学生运用刚学到的新词造一个句子，用上几个词说一个句群；运用课堂上学到的比喻句、拟人句、排比句、转折句、夸张句等进行口头造句或造段等。学过的词句让学生当堂进行口头运用，教师要注意创设情境，打开思路。"说什么"的问题先解决，"怎么说"也就容易多了。

三是复述课文的训练。

复述，即学生在理解课文、熟读课文的基础之上，用自己的语言，按课文的顺序，把课文讲出来。它是训练学生理解、思维和口语表达的一个极好机会，也是学生积累语言的一个极好的训练方法。复述的形式有多种，有详细复述，即按课文的叙述顺序，用接近课文的语言，把课文讲一遍。有简要复述，即对原文进行概括，按课文的叙述顺序，抓住主要部分，删去次要部分，简明扼要地把课文讲出来。有片段复述，即只讲课文的重点段落或精彩片段。还有创造性复述，或改变叙述的顺序，如将顺叙改为倒叙；或改变叙述的人称，将第三人称改为第一人称；或改变文章的体裁，将诗歌改成故事；或进行情节的补充，如补充细节，续编故事等。

复述也是我国传统的语文学习方法，现在的语文课堂运用得似乎也少了，我们不能舍弃。复述，学生除了要充分地阅读课文，理解课文，还要会概括信息，选择信息，提取信息，组织好内部语言，这是一种创造性的学习活动，不是一件容易的事情，但它对提高学生的语文能力却有重要作用，我们不可忽视。当前语文课堂上，学生理想的复述，是比较少见的。复述存在的主要问题是：要么不愿意复述，要么就基本上背课文，不会提取要点讲课文。另外，大多数学生不会作简要复述，创造性复述则更难。为了提高学生的语文学习能力，教师不要回避这些问题，要知难而进，做好复述的工作。

4. 三个学段语文学习能力培养的重点。

整个小学阶段，都要注意培养学生的语文实践运用能力，但每个学段应有所侧重，有重点培养的内容。《语文课程标准（2001年版）》对小学三个学段的学习目标与内容，已提出了比较全面的要求。这里不想重复课标上的要求，只想根据当前学生语文学习能力欠缺的实际，根据学生语文学习最迫切的需求，对每个学段提出一些最必须、最当紧的语文学习能力的培养重点。

低年级：注重培养学生独立识字、写字能力，朗读课文的能力，从阅读中学习说话和写话的能力。对低年级学生来说，应加强写好字、读好书、说好话、写好话的训练。这"四个好"太重要了！

中年级：概括课文大意的能力，联系上下文、生活实际理解体会词句的能力，把握课文的主要内容，体会课文的思想感情的能力，从阅读中学习表达与实践运用的能力，包括从读学写，从读学说等。对中年级的学生来说，应加强词句的理解与运用、段的理解与运用、朗读能力、略读能力、默读能力、复述能力、概括课文主要内容能力的培养。

高年级：继续培养学生联系课文理解词句、把握课文的主要内容、体会课文思想感情的能力，重点培养学生理清课文的表达顺序、领悟课文基本表达方法的能力，篇章的读与写的能力；还要注意培养学生阅读不同文体的理解力，学习语言文字的运用能力，养成从读悟写、从读学说的习惯。高年级的学生，阅读文章要有自己的独特见解，表达看法要有个人的独特感受。

语文课程是一门实践性极强的课程，学生学习语文，学好语文，必须靠大量的语文实践与运用。语文学习方法如果不能落实在实践运用上，学生实际的语文能力永远得不到提高。因此，语文课堂上，教师要多给学生语文实践运用的机会，老师少讲一些，让学生多读一些，多用一些，多练一些。作业布置少一些机械抄写、折磨孩子身心的、毁灭孩子天性的无效作业，多给孩子布置读书的作业，写字的作业，写作文的作业。语文考核，要把朗读、背诵、口语表达作为考试内容。语文课堂、作业布置、成绩测评这三项工作都比较科学合理了，比较切合学生身心发展、长远发展需要了，提高学生的语文能力就真的有保障了。

（三）在方法习得、能力培养过程中，提升学生的人格素养。

2015年春节期间，我家来了一位山东大学的在读大学生。在谈话中我问他："你现在是大学生了，你回头看一看我们的中小学。你认为我们的中小学教育最应该培养学生哪些方面的素质呢？他略有所思，告诉我："从我在大学的学习与生活体会来看，我认为中小学最应该培养学生的自主学习能力、实践创新能力以及人格素养。因为许多中学生进了大学很不适应，有的甚至很迷茫，不会独立学习，不会独立思考，不会实践，不会创新，还有不会做人，不会做事，有一些人走了下坡路。"这位大学生的话让我很震惊！为什么？因为我们的中小学主要培养学生的被动听记能力、做题能力、考试能力，孩子们最缺乏的是实践能力、思维能力、自主能力以及高尚的人格素养。中小学的教育与大学的要求反差如此之大，我怎么能不震惊呢？目前我们的中小学课堂，老师主要为学生的考试教，学生主要为老师的考试学，学生的人生观、价值观、学会做人做事这些人生的"第一粒扣子"，没怎么扣好。只育分不育人的教育，让许多学生已经输在了人生的起跑线上。这是多么令人可悲的事情！

著名教育家于漪先生深有体会地说："语文教学的目标就是培养人，语文学科就是要树立'育人'的大目标，既教文又育人，要全面培养学生，这成为我终身坚持并且不断探索与实践的最基本的语文教育观。"语文学科是培养学生人格素质的重要学科。语文教师，要通过一篇篇课文的阅读理解，在教给学生语文学习方法、培养学生语文能力的过程中，培养有爱国热情，有远大理想，勤奋好学，吃苦耐劳，不怕困难，勇敢善良，友爱他人，人格高尚的少年儿童。可是从听课中发现，老师们在课堂上，对学生进行思想品德教育的渗透，似乎比过去淡化了许多，课堂上在乎了学科知识，而轻视了育人。这种教学行为，是从以往的过度强调思想教育，又滑向过度弱化思想教育，从一个极端走向了另一个极端。这是不正确的。语文教学要结合课文的特有优势，不失时机地对学生进行思想品德教育和高尚人格的塑造。教育部组织编写的《素质教育观念学习提要》指出："学校应特别强调：高尚的思想品德是最高的学位。教师应当注意体会：只有培养学生的品德与修养，保护他们的自尊与自信，激发他们的梦想与激情，才是教育的最好的成就。"在精读教学中培养学生的人格素养，我注意了以下三个方面。

第一，让社会主义核心价值观进入语文课堂。

社会主义核心价值24个字是："富强、民主、文明、和谐、自由、平等、公正、法制、爱国、敬业、诚信、友善。"——小学语文教学，尤其要凭借一篇篇课文，对学生进行爱国、诚实、守信、善良、友爱、文明等方面的做人做事教育。语文教师在教学中要有这个意识，有育人的意识，将社会主义核心价值观的教育渗透在语文教学之中。不论是小学还是中学，学生的学习不论是优秀还是一般，一定要先让学生做一个"守时、守信、成人、成事"的人。这是中小学最基本的也是最首要的教育任务。语文教师要有大胸怀，大视野，让语文教学走向语文教育！

第二，让学生在阅读理解感悟中受到情感的熏陶。

语文教学以读为主。课文中的思想、情感、哲理，是学生通过充分地阅读、思考领悟出来的，不是老师硬性地总结给学生、讲给学生听的。所以，语文课堂以读为主，以悟为主，以用为主，以讲启读，以讲引读，以讲助读。语文教学，要让学生透彻把握思想内容，深刻领会思想感情，沉潜文本，与文本思想感情产生强烈共鸣，受到感染教育。这是语文教育最重要的任务。从听课中发现，由于课堂上老师讲解过多，学生读书过少，因此学生并没有真正通过自己的学习走进文本，学生并没有真正与文本产生情感上的共鸣。我在听课时，很少看到学生有感动、惊奇、激动的表现，许多学生在一节语文课上，自始至终是呆滞、冷漠的面孔，是个没笑脸的表情。从学生的表情即可以看出学生语文学习的效果，可以看出教师的教学是否成功。教书育人，育人第一，教书第二。我们应当坚决履行语文教育的这条铁律。

第三，让学生在语文实践与运用中，体悟做人的道理。

语文教师要把人格培养渗透于语文教学的全过程。学生在阅读理解思考感悟中可以受到情感的陶冶，而在实践运用中，也可以继续体悟做人做事的道理。教师让学生进行以阅读带阅读的迁移，要给学生提供健康有益的读物，能体现社会主义核心价值观的读物；教师让学生进行以阅读带说写的迁移，要给学生创设健康有益的教学情境，让学生有内容健康的表达。学生的阅读，要发现文章的美，读出文章的美；学生的说写，要表达生活的美，体现生活的美。教师在学生的语文实践与运用中，没有忘记育人的义务，那么学生的语文能力和人格素质就会得到同构共生，就能得到和谐发展！这即是我正在践行着并向往着的教书育人的语文教育！

三、精读教学怎么教？

语文教学在"教什么"方面，已经从习得方法、培养能力、塑造人格三个方面说了不少。实际上，"教什么"中已经包含了"怎么教"的一些具体的做法。下面，我再从宏观的层面，谈一谈精读教学"怎么教"的三个基本的教学原则。

（一）以学生为主体。

这是精读教学的第一个基本的教学原则。精读教学以学生为学习的主体，关键是解决如何在课堂上落实的问题。落实"以学生为主体"的教学原则，必须从以下三个方面做起。

1. 观念要有自觉地转变。

全国著名特级教师魏书生，在语文教学中是真正做到了以学生为主体。他的语文课，主要是让学生自主学习，合作学习。魏老师在课堂上讲得极少，而学生通过自主的学习，收获又极多。魏老师一个学期要有两三个月外出开会、作报告，但由于学生有了自主学习的能力，有了独立学习的能力，学生的语文考试并没有因此而下来，仍名列全市之首。看来，语文课以学生为主体，调动了学生自主学习的积极性，效果会出奇的好。现任北京十一学校校长的李希贵，早年在山东潍坊一中当过校长。一个学期开学了，可还有高二一个班语文课没人教。教育局又没有教师给他们，怎么办呢？李校长与教导处的同志研究决定，这个班的语文课先由学生自学。语文书自己读，作业自己留，课后问题由学生通过读书自行解决，作文由学生互批。结果，学期末语文考试，这个班语文平均成绩比同年级其他班还高出好几分。

以上例子充分说明，语文这门学科，确实适合学生自主学习。因为课文都是白话文，学生都能看懂，多读读、多想想，就能理解，就能体会，课后问题通过读书也可以解决。学语文不同于学习数学、理化，只要自己愿意学、主动学，完全能过关。教师如果教给了学生学习语文的方法，激发了学生自主学习语文的热情，调动了学生自主学习语文的积极性，那么学生的自主学语文比老师讲语文，效果要好得多。老师讲得多，费力不讨好，何不多让学生自主学习呢？老师的责任主要是启发、引导、提示学习方法，组织课堂学习。所以，教师落实以学生为主体的口号，关键是教学观念的转变，把口号变成自觉行动，让"知"真的变成"行"！

2. 教案要有彻底地更新。

教案，即教学设计。语文教学设计要切合学生自主学习的要求，要改变过去以讲为主为以学为主。以学为主的教学设计，在教学目标的确定，教学内容的选择，教学方法的运用，教学流程的安排，都要考虑适合学生自主学习、主动学习、合作学习。学生的自主学习，主要体现在根据学习目标、学习任务而进行的读书、思考、合作、交流上；教师的作用主要体现在学生的学习遇到困难时的启发、引导、指导上，为学生寻找解决问题的新思路，新方法上；主要体现在学习策略的设计上，学习方向的引领上，学习结果的评价上。

3. 习惯要有勇气革除。

不良的习惯容易养成，但不易改变。语文课堂上，教师们总想讲，总想讲得多一点、细一点、全一点。老师在课堂上以讲为主，自己累点，但教学任务可以顺利完成，教学时间可以节省，可以给学生留出更多的做作业时间。而如果老师少讲了，让学生多学了，由于教师过去没有培养学生自主学习的能力，所以学生的学习很慢，问题解决得也不理想，耽误了时间，任务又难以完成，干脆还是自己讲吧！以上即是当前教师不愿以学生为学习主体的思想根源。但是，既然老师们知道了学生自主学习要比老师的讲效果好得多，那么就应该痛下决心，改变过去以讲为主的教学习惯。改变旧习惯，必须有勇气，有决心，有毅力。一开始要不怕耽误时间，不怕完不成任务，不怕学生不会自学，不怕出乱子。磨刀不误砍柴工，只要老师把学习的方法教给了学生，又给学生实践的机会了，教师注意培养能力了，那么学生学习一段时间，就渐渐会自主学习，学习的效果也会慢慢好的。

（二）以教师为主导。

这是精读教学的第二个教学原则。以教师为主导，关键是要强调教师的"正确主导"。语文教学中教师要当心"偏导"、"歪导"，甚至"误导"。现代班级授课制的课堂情境下，教师为主导，学生为主体；教师为首领，学生为随从；教师往哪里导，学生往哪里学。课堂是教师驾驭的，教学是教师主持的。教师导得准，学生就学得对；教师导得精，学生就学得好。语文教学教师的"正确主导"主要体现在三个方面。

1. 教师的备课。

在教学目标的设定、教学内容的选择上，教师要从过去的以理解分析课文内容为宗旨，转向以让学生学到语文学习方法、培养学生实际的语文能力，提高学生人格素养为根本目的。

2. 教师的上课。

教师要从过去的满堂灌、满堂问，过去的支离破碎地分析、解读课文，转向多让学生进行语文的阅读理解与表达的实践活动。课堂上，由过去的以理解为本位，转向理解与表达并重。语文课堂应该是学生进行语文实践的课堂！

3. 教师的作业布置。

教师要少布置那些让学生机械抄写、反复抄练的作业，那些只消耗学生体力、泯灭学生兴趣而极少有智力含量的作业，要多布置一些有意义的作业。所谓"有意义的作业"，用华东师范大学终身教授钟启泉先生的话说就是："练习不仅是培育能力的手段，借助练习可以改变人的内心世界——远离日常的焦虑、消弭狂野的心性，这是同练习者与其客体合二为一的内在精神世界的统一息息相关的。"也就是说，教师给学生布置语文作业，不仅能让学生巩固知识，提高成绩，还要能让学生从作业练习中，培养了静心，体会到舒心，有一种精神愉悦的享受。

基于对作业练习价值的重新定位，语文教师给学生布置的语文作业与练习，可以是开放性——给学生一定的自由选择的权利的作业，减少老师的硬性限制，比如写字不限制写几遍，以会默写为原则；自主性作业——切合学生的实际学情，是他们喜欢的、乐于完成的、能够完成的，比如形式灵活、生动有趣、学生跳一跳可以够得着的语文练习；探究性作业——可以给学生布置一些有一定难度的需要学生经过探究、讨论才能完成的作业，比如让学生通过查阅资料、调查研究、实践操作、阅读分析、观察实验、对话交流、书面表达等才能完成的作业练习。

(三) 以学习语言文字运用为主线。

这是精读教学的第三个教学原则。以学习语言文字运用为主线，关键是解决好"怎么学"的问题。

1. "学习语言文字运用"的内容是比较广的。

识好字，写好字，学好词，用好词，读好书，背好书，说好话，作好文，都是学习语言文字运用。识字写字是运用，阅读理解也是运用。当前的语文教师在观念上应该有一个清醒的认识，过去是以理解课文为中心，为主业，现在应该是既有理解又有运用，把理解和运用相结合，而且学习语文主要是为了运用，应该指向运用！

2. 学习语言文字的运用机会是比较多的。

语文课堂是学习语言文字运用的主阵地；课外的读书、讲故事、诵诗文、背美文以及学生完成的喜闻乐见的语文练习，也都是学习语言文字的运用。语文教师应该培养学生生活中处处都可以学语文、用语文的意识。要把学习语言文字运用贯穿于学生的全部生活。在课堂上可以学语文，在校园里可以学语文，在家庭社会生活中可以学语文，在大自然中也可以学到语文。

3. 学习语言文字运用是要不怕吃苦的。

毛泽东同志告诉我们:"语言这东西,不是随便可以学好的,非下苦功不可。"比如,写好字需要吃苦,克服错别字需要吃苦,读好书需要吃苦,背文章需要吃苦,练好口才需要吃苦,学好作文需要吃苦。语文这门课,被动听老师讲课学不好它,不费脑筋地写作业学不好它,态度不认真学不好它,不下苦功夫学不好它。谁敢于吃苦,谁就能成为语文学习的主人!谁敢于吃苦,谁就拥有了语文,就有了语文阅读的综合理解力!

语文知识
——为学生构造一个合宜的大脑

如果说朗读教学、默读教学、略读教学以及精读教学，谈的都是培养学生的语文能力，那么语文知识不能不谈。因为语文能力是从语文知识转化过来的。没有语文知识，就无法形成语文能力。无知的人便无能。

一、何为语文知识？

谈到语文知识，我们首先要明白：何为知识？《现代汉语词典》告诉我们："知识是人们在改造世界的实践中所获得的认识和经验的总和。"那么，语文知识就是我们的前辈、先人，在研究、探索和运用汉语言文字的实践中，所获得的关于汉语文的认识和经验的总和。用上海师范大学王荣生教授的话说就是："语文知识是关于语言和言语、文章和文学的知识，主体是听、说、读、写的事实、概念、原理、技能、策略、态度。"学生的语文学习，应该是先获得语文知识，了解语文的事实、概念，有一定的知识作基础，并进一步知道如何探求新知，然后去探索、去实践、去应用，实践运用之后得来的便是语文学习经验。到了这个地步，学生头脑里的东西，由原先抽象的、缺乏生机的知识，就变成了具体的而又鲜活的经验，变成了学习、生活与做事的经验，变成了真正的知识，构造了一个得宜而有智慧的大脑。

二、学生语文知识的不足

众所周知，当前许多小学生语文学习能力不够强。学生的语文学习能力不强，是因为学生的语文知识的不足，知道的少，还是因为学生的语文知识足够，只是欠缺语文学习实践的机会呢？根据我多年的观察，我认为当前的小学生既有语文知识的不足又有语文实践的不够。如果学生有了丰富的语文知识，掌握了大量的科学的学习方法，知道该怎么学，只是语文实践的不够，那么加强学生的语文实践，便可解决问题。关键是学生一开始就没有把语文知识学好，没有打好知识的基础，尤其是关于方法的知识，程序性知识。学生不知道怎么学，没有按照合理的方法去学，而按照错误的方法去学了，结果学生不论怎么学，不论多么加重学习负担，其语文学习能力一直难以提高（学生既多花了时间，其语文学习能力又提高不了）。一个缺乏知识的孩子，何谈语文能力？何谈有一个知识丰富、能力较强、经验较多、合宜而又有智慧的大脑呢？我们应该既加强语文实践，增强学生的实践能力，而更应该也首先应该让学生学好知识，有丰富的、足够量的、有用的知识储存。下面是我的一个关于小学生语文知识学习的调查。从这个调查叩以窥一斑知全豹，发现当前的小学生缺之必备的语文学习知识。

2013年上半年，我在到全县小学听课、上课期间，利用课前课后，对学生进行了随机的调查访问。被问到的学生一般为三至六年级。我的问题单上共有五个小题目。调查的内容及学生的回答，整理如下。

1. 让四、五年级的学生读下面的句子。注意"啊"的正确读音。

注：这几个句子出自四年级下册第2课《桂林山水》，学生已经学习过这篇课文。

（1）桂林的山真奇啊（qí ya）。

（2）桂林的水真绿啊（lù ya）。

(3) 桂林的山真险啊 (xiǎn na)。

(4) 桂林的水真静啊 (jìng nga)。

以上四个句子，多数学生把句子末尾的"啊"都读成了 a。——正确的读音应该如上面括号里所标注的那样。这其中有一个非常重要的知识点，学生发不准"啊"的音，是因为学生不知道"啊"的音变。

"啊"在句首时读本音 a，如："啊（ā）！黄河！"

用在句末，由于受到前面音节最后一个拼音字母的影响而发生了音变，主要有以下几种情况：

(1) 前一个音节末尾是 a、o（不包括 ao）、e、i、ü 时，读 ya，也可写作"呀"。

(2) 前一个音节末尾是 n，读 na，也可写作"哪"。

(3) 前一个音节末尾是 ng，读 nga，仍写作"啊"。

(4) 前一个音节末尾是 u（包括 ao），读 wa，也可写作"哇"。

再比如，大家跳啊（tiào wa），唱啊（chàng nga），欢呼啊（hū wa），拥抱啊（bào wa），高兴得眼泪都流出来了。

学生朗读课文的时候，会遇到发音方面的许多知识点。有些知识点老师无须讲，学生凭借语感，基本上能正确地读出，如轻声、儿化、上声的变调、"一、七、八、不"的变调，以及重叠形容词的变调等。但有些知识点，老师不讲，学生不知道，便读不正确。小学语文课文中出现"啊"的地方是比较多的，但学生能读正确的又极少，主要是老师没有把这个一劳永逸的知识点教给学生。"啊"的音变虽然比较复杂，但学生掌握了其变化的原理及规律，读书时不论什么时候遇到它，都能有了正确的发音。看来，教学中老师该给学生讲的知识点，必须讲给学生听，不讲他永远不知道，永远做不对。从某种意义上讲，知识就是能力。

2. 让三四年级的小朋友，用钢笔现场在田字格纸上写一行字，写过之后谈一谈怎样才能把字写好。

调查的结果是：总体看，学生的写字是不理想的。有的学生把字写得太小，有的学生把字写得太大，多数学生写得不端正、不漂亮，部件大小搭配不匀称，间架结构不合理。问学生怎样才能把字写好，学生回答也不尽如人意，有的说多练，有的说要认真，还有的说要有正确的写字姿势。其实，让学生写好字，首先应该让他们知道写好字的基本要求。不掌握写好字的基本要求，学生多练、认真、坐姿正确，仍然写不好，或者效率极低。我经常到学校去，发现老师们很重视学生写字的遍数，让学生多写、多练，但不注意教给学生写好字的一些知识、方法，学生写字的效率怎么能提高呢？

其实，教师应该在学生写字之前，把写好字的基本要求告诉学生。写好字的基本要求是：正确——不仅不写错别字，而且笔顺、间架，合乎一般的规则和习惯。许多老师和学生，把"正确"仅仅理解为写对，会默写，不求写得规范、好看，这是学生练不好字的一个重要原因。端正——在写得正确的基础上，把字写得横平竖直，撇捺有锋，笔画工整，间架适度，结构匀称，不潦草，不歪斜。这个要求太重要了！若学生天天练字都能记着这些要求，心里想着这些规则，按要求去做，那么一段时间，学生即可把字写得有模有样。整洁——就是要求学生写字时保持纸面平整、干净。有一定的速度——对高年级的学生来说，学生要讲究写字的速度了。我经常到教室里去检查学生的写字，发现学生写字比较认真，但不怎么端正，而且写得太慢，一节课才写两三行，一二十个字。一看就知道学生是为应付检查而认真写的。但认真也写不好，因为学生不具备写好字的基本功及良好习惯。

当然，写字的要求还包括怎样写好铅笔字，怎样写好钢笔字，怎样写好毛笔字等具体要求的知识，还有怎样写好笔顺、写好间架结构等一些知识。老师们在写字课上，不能只让学生写，而要既给学生讲写好字的知识要领，又要写给学生看看，给学生做出示范，之后再让学生去写、去练，效果一定会更好些。可惜，许多写字的知识，别说是学生不知道，就连老师也不知道，他又怎么讲给学生听呢？其实，小学生每天的写字量是不小的，因为学生天天要写的作业比较多。如果学生提起笔来就能知道写字的知识，按要求去写，按要求去练，每天别写那么多作业，学生怎么能写不好最基本的汉字呢？许多学生上了五六年的学，还没写好字，他除了没按写好字的技术要求去写，还没按写好字的态度要求去练。这两个方面的知识要求都很重要。

3. 问三、四年级的小朋友，朗读课文要做到正确、流利、有感情。那么，什么是正确朗读？什么是流利朗读？什么又是有感情地朗读呢？

学生回答情况如下。正确朗读，就是不读错字，不添字，不丢字；流利朗读，就是读得熟练；有感情地朗读，就是读出自己的喜爱。学生的这些回答太片面。其实，学生上面的回答只是回答了朗读三个层面的极小一部分，学生不知道的朗读知识还有很多。正确朗读——朗读时要集中精力，全神贯注，看清每个字的字形，用普通话，发言清楚响亮，然后才是不丢字，不添字，不读颠倒，更不要读错。学生只知道正确朗读的文字方面的要求，而不知道朗读时要有专注的态度，用标准的普通话，不能夹杂地方方言，以及清楚、响亮的发音等。正因为学生不知道正确朗读课文具体而全面的要求，所以许多学生朗读时，精力不集中，声音不响亮，发言不清晰，态度不端正，那又怎么能读好呢？流利朗读——不只是读得熟练，还要做到语气连贯，通畅自然，按词连读，不读破句等。有感情地朗读——哪能只读出文章的喜爱之情呢？文中有什么样的感情，应该把它体会出来，读出什么样的感情，如喜爱、伤心、难过、痛苦、无奈、震惊、舒缓等。做到有感情地朗读，还必须知道"四个注意"：注意停顿、注意声音的轻重、注意速度和节奏、注意语调。每个"注意"里面都有不少具体的知识点。有感情地朗读要做到自然，像生活中的口语交际一样自然，把喜、怒、哀、乐的感情适当地读出来。有关有感情朗读的知识及要求很复杂，学生知道得很少，因此学生的有感情朗读课文很成问题。许多学生把学过的课文，只是读得比较熟练，比较快，但读不出课文中应有的感情。学生读得比较熟练，那是因为他们读书只注意了遍数的机械增加，而没按其知识要求去实践。学生不知道如何朗读，当然读不好。

4. 问中、高年级的学生，平时应该怎样听别人讲话，怎样才能把话说好呢？

学生回答情况如下。听别人讲话要认真，专心；说话时要把话说清楚，讲明白。学生的这些回答也只是个皮毛，太片面。理想的听话、说话应该是：中年级——听人讲话要把握内容，并能简要转述。与别人交谈，认真倾听，能就不理解的地方向人请教，就不同的意见与人商讨。能清楚明白地讲述见闻，说出自己的感受及想法，讲述故事力求具体、生动。高年级——听别人讲话认真、耐心，能抓住重点，并能简要转述。与人谈话能尊重理解对方。乐于参与讨论，敢于发表自己的看法。表达有条理，语气、语调适当。注意语言文明。中、高年级的这些听说要求，能详细知道的学生是极少的。就是让老师讲，也讲不全面。学生听说能力差，口语表达能力差，很大程度上是不知道应该怎么听、怎么说、怎么与人对话。现实生活中也正是这样，有许多小朋友不注意听别人说话，表情木然，不够专注；对别人讲话，缺乏条理，讲不清楚，不注意礼节。

5. 让五、六年级的学生回答：作文修改的内容包括哪些方面？怎样才能修改好作文？

学生的回答是：作文修改的内容，主要有错别字，不当的词语；作文修改的方法，主要是读。从学生的回答，可以看出他们对作文修改知识的欠缺。小学生的作文修改，首先应该知道修改什么——修改一篇文章，既要修改语言文字，又要修改思想内容；既要修改字词句和标点，又要修改段落和篇章。学生应该知道怎样修改——修改的具体方法是"增、删、调、改"，即作文的遗漏和缺少的内容要补充，多余的内容要删除，凌乱的地方要调整（调整顺序），错了的字、词、句和标点要改正。有朗读修改法，默读修改法，换位思考修改法（把自己当作文章的一名读者）等。

当前学生的作文修改是一个大问题，许多学生把作文写好了，不会修改，懒得修改。从学生对作文修改的回答方知，学生不懂得作文修改什么，以及怎样修改，是一个重要原因。从学生的作文修改的实际来看，学生一般只是改错别字，个别的词语，至于标点符号、病句、段篇的调整，以及文章思想内容的进一步考量，却是极少的。许多学生的作文，一逗到底，病句连篇，不会分段，不注意段与段之间的衔接，不求思想立意的新颖和深刻等。至于修改的方法，学生知道的，也是最经常用的，就是读一读，找一找错别字，根本不知道还有上面所说的"增、删、调、改"等那么多方面的知识。学生作文修改得不好，修改能力的欠缺，归根结底还是修改知识的欠缺。当然还包括修改作文时所应有的情感、态度方面知识的欠缺。

从上面学生对五个小题目的回答来看，学生对语文知识的掌握是极为不够的，片面、零散、浅薄，不深不透，不够熟练，没有形成相对完整的知识结构。学生语文知识的不足，主要原因在于老师的教。

第一，在教学思想上，漠视语文知识的教学。

经常听人说到这样的话，语文讲什么讲，有什么要讲的，让学生读去吧。讲这种话的人一般不在教学一线，不了解教学实际。这种人发起这些言论自觉很痛快，显得老师们都不如他。而实际上，这些人是站着说话不腰疼。他们说得容易，做起来难。语文课不能是放羊式的，学生的读书不能是呆读、死读，应该讲究方法、讲究效率。说这些话的人是拿古人读书作比。实际上，这是机械唯物论。古今时代不同了。古代的学生，如小学生，学习的科目是比较少的，主要是语文一科，一天到晚就是读书、背书、写字、作文，没有其他科目。古代的儿童有较多的时间学语文，是死记硬背学语文，是效率极低地学语文。而今天是知识爆炸时代，学生学习的科目多，学生哪有那么多时间在那里读呀、背呀的。语文教学中的多读多写，这只是一个理想的要求，能够真正做到的，还比较鲜见。2013年第12期《江苏教育》（小学教学）在讨论"读写结合：旧题新议再出发"专题时，主持人指出："实质上，教学所要追求的是少读少写，而不是多读多写，也就是说，读得少但所获甚多，写得少但进步很快，这才把教与不教区别开来。教学所要追求的是低耗高效而不高耗高效，更不是高耗低效，教学就是要找到低耗高效的门径。"这就是说，语文教学实际上应该是精读精写，提高效率。要提高语文学习效率，必须有知识、懂方法，按科学规律办事。

当前，一些地方的语文教学，片面地强调语文实践，而闭口不谈语文知识，从一个极端走到了另一个极端。新课改之前，那个时候强调"双基"，即强调基础知识的学习，基本技能的训练；而新课改的今天，又比较看重语文实践，却很少有人提到语文知识，也很少有人提到训练。许多语文教学公开课、研讨会，评课人好像有意回避"语文知识"一词。这就给听课的老师们造成了漠视知识的错觉。这不是真正的语文教学改革思想。真正的语文教学改革思想，应该从实际出发，实事求是，按语文学习的规律办事。今天我们对待语文教学，既不崇古，也不非今；多理性，少冲动；多冷静，少狂热。课程改革的今天，一些教师不理解语文知识的价值，极端地淡化、漠视语文知识的教学，造成了学生语文知识不够扎实，语文能力不够强。我们应该好好地反思一下。

第二，在教学行为上，少有语文知识的教学。

从听课中发现，一些老师在语文课上，只是空泛地要求学生多读、多悟、多运用，至于读什么，如何读，悟什么，如何悟，运用什么，如何运用等，老师却给学生讲得极少。教朗读，不提示朗读的要领；教理解，不告诉理解的程序；教感悟，不介绍感悟的原理；教迁移，不让学生弄明白如何举一，如何反三，迁移注意什么等。学生在课堂学习中，知其然，不知其所以然，只是被动执行、机械去做，能有好效果吗？老师在课堂鲜有语文知识的教学，致使许多学生，学习一项语文技能，如朗读课文，体会感情等，总是学不会，效果不理想。一个根本的原因，是教师不让学生明白语文能力怎么形成的，它的基础是什么，没有按照语文学习的规律办事。

第三，语文知识教学的随意性、碎片化。

一些老师在语文教学中，涉及某一语文知识点时，只是偶尔提一下，一句带过。这是随意性、碎片化、不完整的语文知识教学。随意性、碎片化，即语文知识教学无计划，碰到一点轻描淡写地讲一点，没有后续巩固的训练，没有瞻前顾后的想法，没有上下贯通、循序渐进、前后一体的教学思想。这样,学生对语文知识的学习,比如联想和想象,好像知道一点,但又印象不深,说不清楚,弄不明白。于是,学生头脑中关于联想和想象的语文知识组块比较少,没有形成合理完整的知识结构,这即是当前的学生语文知识不扎实的表现。

我们常听人说,知识改变命运,能力成就人生。一个没有知识的人,是没有出息的。有人认为当前许多地方语文教学质量不高,主要是因为学生语文实践不够,比如读得少,背得少。不错,这是一个事实,学生大量的读书、背书、写作时间被无休止地做题取代了。但我们不能忽视另一个事实,即当前的学生语文知识学得也不够扎实,不够完整。在当前新课改的背景下,提高语文教学质量,必须让学生既具有相应的语文知识,又有一定的语文实践保障,注意学习语言文字运用。这就是说,语文教学中,一些重要的语文知识点,对提高学生语文能力作用极大的语文知识点,比如阅读理解的知识、思考感悟的知识、运用迁移的知识、读写结合的知识等,必须让学生领会,让学生掌握。一次不行两次,两次不行三次。语文知识组块在学生头脑中打下了烙印,学生对此非常熟化,进行语文实践时,一些相应的知识就会从头脑中"蹦"出来,达到了即知即用、运用自如的地步。学生的语文知识越牢固,语文学习能力就会相应的增强。我曾经听到一些中学老师讲,有些学生学习数理化,听课能听懂,就是不会做题,这是为什么?这是因为学生对数理化的一些概念、定义、定理的相关知识还掌握得不熟练,不牢固,遇到难题时不能及时反映出来。我想,语文学习不也是如此吗?学生理解一篇文章,头脑中储存了与这篇文章相关的丰富知识,那么他理解、体会起来还会困难吗?所以,学生掌握一定量的语文知识,对学生的语文实践运用极为重要。从某种意义上讲,学习语言文字运用,应该是先学会语言文字,之后才能运用。语言文字学得牢,运用才自如,效果才会好。

三、知识越多,学生学习语文越容易

通过调查与分析,我们知道了当前小学生的语文基础知识是不足的,

并且明白了学生语文基础知识不足,主要是教师的教学造成的,是教师思想上漠视、行动上少教、课堂上随意造成的。有人认为,新课改十几年来,语文教学中不断出现这样或那样的问题,其中有一个比较突出的原因,那就是学生语文知识没有过去的学生扎实了,没有过去的学生丰厚了。学生没有形成稳固的语文知识结构,学习当然会受到影响。也就是说,新课改背景下的语文教学,是因为一些老师漠视知识、不讲实际、不重实效、机械跟风,才致使语文课堂花里胡哨、质量不高。语文课堂上,学生掌握必要的语文知识,才能有后续的顺利学习,听课能听懂,问题能解决,能力能提升,越学越容易。

1. 苏霍姆林斯基如是说——

(1) 知识越多,学起新知识来就越容易。

知识只有成为精神生活的因素,能用来启发思维、激发兴趣和意愿时,它才算真正的知识。在这种情况下,正好用得上这样一条规律:一个人的知识越多,学起新知识来就越容易。

(2) 只有图书才是知识取之不尽的源泉。

图书是知识不可缺少的源泉,是你精神财富取之不尽的源泉,建立自己的小图书馆吧。不仅要善于阅读,而且要善于去反复阅读。阅读是一种劳动,是一种创造,是你精神力量和意志的自我教育。

(3) 做一个会思考的人。

要善于在读书时思考,在思考时读书。做一个知识的探索者和孜孜不倦的求知者吧,思维是最复杂的劳动。

(4) 掌握知识的三个阶梯。

做出自己的努力,靠劳动取得成果,享受脑力劳动的欢乐。儿童沿着这三个阶段走上去,就会掌握牢固的、理解透彻的知识。

苏霍姆林斯基的上面四段话,从四个方面讲了知识对学习的重要性。

第一方面,是讲知识越多,学生学起新知识来越容易。学生学的知识必须内化在自己的精神生活中,成为自己精神生活的一部分,能够引发自己的思考与联想,触类旁通、举一反三。学生获得的这样的知识才是真正有用的知识，这样的知识学得越多，学生的学习才越容易。——就语文学科来说，教师应该让学生学习的真正知识，是课文中启迪人生的思想内容，生动有趣的表达形式，实践有效的学习方法，应该是对学生的长远发展有促进作用的知识与经验、过程与方法，以及情感、态度和价值观。因此，我们指导学生学一篇课文，应该让他们深刻感悟思想内容，努力把握语言形式，从课文中体会人性的美，自然的美，生活的美，社会的美，以及语言文字的美，文章表达的美等。让学生发现课文中的美，少不了学生的阅读、理解，也少不了教师的启发、诱导。学生从课文中学到了大量的语文知识，获得了一定的学习技能，再去学习其他课文，就有了基础，有了方法，有了经验，有了能力，才会越学越容易。

第二方面，是讲图书是知识取之不尽的源泉。苏霍姆林斯基要求学生，要注意收藏图书，应给自己的图书开辟一片天地。藏书容易读书难。学生要养成爱好阅读的习惯，要会读书，要多读书。苏霍姆林斯基曾经说过，一所学校，可以没有高大的教学楼，没有好看的围墙，没有漂亮的门楼，但只要有丰富的图书，就是一所好学校。教室内，走廊下，楼梯间，阅览室，都摆上了书，学生可以随时阅读。学生每天生活在书的海洋里，成长于书的芳香中，这比什么都重要。苏霍姆林斯基还说，一个学生，要读一二百本书，有学科知识的，文学的，历史的，地理的，天文的，自然的，以及名人、伟人的传记等。有了这么多好书垫底，学生不论学习哪门课程，都会变得容易多了，而且他会成为一个和谐发展的人，一个全面发展的人。——反观我们的语文教学，我认为当前小学生语文学习的不尽如人意，老师不满意，家长不乐意，一个重要的原因是学生缺乏丰富而有用的知识；而学生缺乏丰富有用的知识，主要是读书不够，尤其是课外阅读不能得到保障。有一段时间我随同教育局小学管理的同志到学校检查，发现当前学校的图书室已不同于以往，室内全是国家免费发放的各类崭新的图书。图书排列得整整齐齐，但借阅得不好。许多书没有人动过，还有许多书没拆包。丰富图书资源的闲置、浪费，令人痛心。为什么学生有书不读？因为学生的课余时间被老师布置的大量作业练习占去了，学生没有时间进行课外阅读。提高语文教学质量，必须让学生多读书，少做题，从书本中汲取丰富的营养，提升语文素养。

第三方面，是讲学生不仅要读书，而且要会思考。学而不思则罔，思而不学则殆。教师要培养学生勤于学习、善于思考的习惯。学生在读书学习的过程中，只有思考才有理解，只有思考才有体会，只有思考才能把书上的知识融入自己的精神血脉中。——当前许多小学生不会思考。课堂上老师让同学把小手放在背后，正襟危坐，不许乱讲话，不许乱动，老老实实地听从老师的操纵。学生被动听课，被动阅读，哪里会主动思考、自由思考呢？课堂上，教师束缚了学生的身，也束缚了学生的心，束缚了学生喜欢奇思异想的大脑。新课改背景下的语文教学，教师要让学生生动活泼地学，自由自在地学，必须解放学生，解放学生的身与心。以上说的学生课内阅读不敢思考，而许多学生的课外阅读又不会思考，没有读书思考的习惯。一些学生读书，只追求情节，追求搞笑，追求好玩，追求猎奇，至于文章的言外之意、写作的真正目的却不去想，也不会想。文章是如何表达的，遣词造句的妙用，更不去探索。没有思考介入的阅读是流于形式的阅读。因此，作为一名语文教师，要让学生通过阅读获取知识。不仅要让他们勤于阅读，自主阅读，善于阅读，掌握正确的阅读方法，而且还要让学生带着思考的大脑去阅读，去探求知识的真谛。

第四方面，是掌握知识的三个阶梯，即：努力学习，不怕吃苦；取得良好的学习成绩；从学习中获得成就感，体会学习的快乐。这三个阶梯是步步为营、拾级而上的。没有刻苦努力地学习，别想获得丰富而科学的文化知识，别想取得良好的学习成绩。而学生不能从学习中、从知识中体会到成就感，看到自己的进步，体会到获取知识的尊严与荣光，那又何谈学习的快乐呢？如何培养学习兴趣呢？——大家知道，当今的小学生普遍怕吃苦。语文教学中，教师必须培养学生的吃苦精神。不吃苦怎么能写好字？不吃苦怎么能读好书？不吃苦怎么能理解体会好课文？不吃苦怎么能学好作文呢？学生学习的快乐，来自于好的学习成绩，而好的学习成绩，必须用吃苦换来。吃苦是福！一句话，勤奋学习，吃苦学习，善于学习，才能获得大量的知识，才能取得良好的成绩，才能获得学习的真正快乐。

苏霍姆林斯基是一位科学知识的虔诚者，是一位崇拜知识的教育家。在他的著作中，多次谈到知识的意义，知识的学习，教导我们要以科学的态度看待知识，对待学习，我们应该记取他的教诲。苏霍姆林斯基还说过这样的话：

● 知识是一种无价的财富，你应当在童年、少年、青年早期时代得到这种财富。

● 请你努力做到，使学习的知识不要成为最终目的，而要成为手段。

● 在深刻理解的基础上熟记和掌握知识，从实质来说就是运用知识。学生掌握了知识就能运用它，能运用知识了，才算掌握了知识。

● 不用于实践的知识，会变成僵死无用的装饰品。

● 如果学生不去索取知识，并未在索取知识的过程中紧张地调集自己的精神力量和意志力，那么我教他们如何做人的话语就会无济于事。

● 我们的教育应该使儿童感到自己是知识的探索者和发现者。只有这样，小学生才能从单调、紧张、令人疲倦的学习劳动中感到喜悦，才能体验到创造者的快乐。

· 学生的知识愈丰富，他们的学习就愈轻松。

2. 陶行知如是说——

如果把别人从经验发生之知识接到我们从自己经验发生之知识之上去，那么，我们的经验必可格外的扩充，生活必可格外丰富。我们要有自己的经验做根，以这经验所发生的知识做枝，然后别人的知识方才可以接得上去，别人的知识方才成为我们的知识的一个有机体部分。这样一来，别人的知识在我们的经验里活着，我们的经验也就生长到别人的知识里去，开花结果。

陶行知先生的这段话，说的是学生学习知识不能只是死读书本，不能成为一个书呆子。要走出教室，走出学校，走向社会，接触生活，适当地参加一些社会实践活动，为自己积累实践经验。自己有了实践经验，有了一定的实践知识，再读课本、理解课文中的知识，不仅容易多了，而且也有效多了。大家知道："语文学习的外延与生活的外延相等。"如果学生脱离了生活，脱离了社会，脱离了劳动，不管怎么学习课本，他都不能学到真正的知识。——当前的小学语文教学，不仅要让学生在教室里读好课本，获取知识，而且还要解放学生的腿，让他们能走出教室，走出学校，走向生活，走向社会，走向大自然。当前的学校，千万不能以安全为由，大门紧闭，整天把学生关在教室里，关在学校里，不让学生走出校门，因噎废食。

请接受陶先生的教诲吧："生活即教育，社会即学校"；"教学做合一"；"先行后知，方是真知"。

3. 叶圣陶先生如是说——

语言文字的学习，就理解方面说，是得到一种知识；就运用方面说，是培养一种习惯。这两方面必须连成一贯；就是说，理解是必需的，但是理解之后必须能够运用；知识是必要的，但是这种知识必须成为习惯。

叶圣陶先生的这段话有两层意思。

第一，阅读理解一篇课文，可以得到许多知识。

那么，学生学习一篇课文，可以得到哪些方面的知识呢？（1）认了字，学了词，理解了词句，读懂了段篇，知道了这篇课文是写什么的，明白了文章蕴含的思想，获得了人生经验。（2）在理解课文思想内容、受到教育的过程中，领悟了作者观察、认识世界的方法，思考问题的方法，遣词造句、布局谋篇的方法，语言文字的表达方法；同时在学习的过程中也获得了学习的方法、经验，如理解、体会的方法，朗读课文的方法，从读学写的方法等。

学生学习一篇课文获得了以上知识，概括起来即是两个方面，即陈述性知识和程序性知识。北京师范大学冯忠良教授认为："根据知识的不同表达形式，知识可分为陈述性知识和程序性知识。陈述性知识主要反映事物的状态、内容及变化发展的原因，说明事物是什么、为什么和怎么样，一般可用口头或书面语言进行清楚明白的陈述。它主要用来描述一个事实或陈述一种观点，因此也称描述性知识。程序性知识主要反映活动的具体过程和操作步骤，说明做什么和怎么做，它是一种实践性知识，主要用于实际操作，因此也称操作性知识。由于它主要涉及做事的策略和方法，因此也称策略性知识或方法性知识，如怎样操作某一机器，怎样解答数学题或物理题等。"上述从一篇课文中获得的，知识（1）为陈述性知识，知识（2）为程序性知识。

学生学习一篇课文，获得了陈述性知识和程序性知识，这两种知识的获得都是必要的，都是应该的。那么，陈述性知识和程序性知识，哪一种对学生的语文学习帮助更大呢？当然是知识（2），即程序性知识。我们听一听李海林先生的观点。李海林，系我国《1978—2005语文教育研究大系（理论卷）》主编，现任上海师范大学教授。他说："然而，并不是任何知识都可以对培养能力有帮助，于是我们必须引入知识类型的概念，陈述性知识、言述性知识和概念知识，对语文教学意义有限，而程序性知识、策略性知识、现象知识、原理知识、无意义知识（缄默知识）都是十分有用的，它们有的直接作为课程目标和内容，有的则作为教学内容在发挥作用，有的在教学过程中起着教学手段的作用，有的则在教学过程之外，对教师的素养发挥着作用。"

由此可知，语文教学中应重在教给学生程序性知识，而不是陈述性知识。只重教陈述性知识，那是"教课文"，而注重教程序性知识，那是"教语文"。可教师的实际教学，却以"教课文"为主，以"教语文"为次。这是语文教学效率一直不高的重要原因。提高语文教学效率，必须实现从"教课文"向"教语文"的美丽转身（吴忠豪语）。

第二，语文知识必须能够运用，成为语文学习的习惯。

把握叶圣陶先生的这一观点必须注意：（1）学习语文知识注重运用。语文知识的运用，有读的运用，写的运用，说的运用。语文学习，理解是基础，运用是目的。（2）熟练运用，成为习惯。语言文字的学习与运用，必须多次进行。同一知识点必须多次用于实践。语文课程不能没有知识的学习，更不能没有实践的学习。强调语文实践，教师尽量多给孩子们提供语文实践的机会，尽量让他们能够多读多写，多听多说，多背多看。多次的实践应用，最后让学生的语文知识，从能力转化为习惯。教育就是培养好习惯！

4. 语文课改专家如是说——

温儒敏、巢宗祺主编的《〈义务教育语文课程标准（2011年版）〉解读》一书中指出：

阅读教学中不能不出现语文知识，如词性和词的基本分类、词的感情色彩、短语、句子成分、基本句型、关联词语、常用修辞手法，正如课程标准所提示的，应该随文学习。

语文课程标准从前言到附录并未使用"语文知识"一词，却处处可寻隐藏背后的语文知识。从实施具体建议及后面的附录字里行间，我们可以体会到课程专家对语文知识的关注。总之，语文学习内容必须包括语文知识，语文知识应是随文学习。

学习以上教育名家、语文课改专家的教育思想，让我们坚定地认为：语文教学不能不教语文知识，学生头脑中积存的语文知识越丰富，他学起语文来就会越容易。这诚如北京师范大学冯忠良教授所说的那样："在实际的教学过程中，我们决不能把知识排除在能力之外，离开知识的教学去空谈能力的培养，而必须把能力的形成和发展建立在掌握大量丰富知识经验的基础上。"

不论什么时候，我们都应该坚定地相信下面几句耳熟祥说的话："知识是智慧的沃土"、"知识可以使人聪明"、"知识就是力量"、"知识是能力的基础"、"无知者无畏"、"无知者傲慢"、"知识越多的人，越觉得不足，越显得谦逊"、"学习知识是学生的天职"、"知识越多，学生学习语文越容易"。

四、实现知识向能力的转化

学习语文知识是学生天经地义的事情。为学之要，贵在勤奋。博采众长，广泛涉猎，才能优化知识结构，夯实知识基础，避免陷入少知而迷、不知而盲、无知而乱的困境。勤学深思，才能融会贯通，运用自如，培养能力。实现知识向能力的转化，要按照三个步骤进行。

第一，应知。

应知，即学生在语文学习过程中，应该学习语文知识，理解语文知识。语文学习的"应知"，不只是从课本中学，还有许多渠道，许多方面，具体包括读、听、问、看、思、记。

1. 读。既有课内的阅读，也有课外的阅读。

2. 听。既有课内的听课学习，也有生活中听别人谈话。从别人谈话中也能学到不少东西。

3. 问。课内听课，有了疑问，要大胆质疑，敢于提出问题，敢于发表不同见解。语文课程标准在二、三学段的学习目标与内容中，提出了这方面的要求。生活中听别人谈话，听不明白的，产生疑问的，也可以向别人提出。陶行知先生说过："发明千千万，起点是一问。"

4. 看。这里所说的看，是生活中的留心观察。生活处处皆学问。只要让学生留心周围世界，观察社会，观察自然，每天都能获取大量的知识。

5. 思，即消化。读、听、问、看，这些都是输入知识，积累知识，而思，即思考、辨析、消化。思考，也是转化，是从外界获得的信息、知识，经过头脑的加工、抽象、概括，内化为自己对客观世界的认识，形成了自己的思想、见解、看法。知识学习中的"思"极为可贵，是知识转化为能力的重要一环。

6. 记。好记性不如烂笔头。阅读可以写读书笔记，听课可以写听课笔记，观察可以写观察笔记。"记"是学习知识的又一个重要环节。记，就是写。写可以促读，写可以促看，写可以促听，写可以促思，写可以促写。

以上获取知识的六个渠道，主渠道是学生在课堂中听课学习，课内外的阅读。应该说，学生比较重视课堂上的听课学习，其他几个方面做得还很不够。比如，在听课学习中，喜欢提问的学生极少，能提出有价值问题的学生更是凤毛麟角；在日常生活中，注意周围世界、注意观察社会与自然的学生，也是不多的；读、听、看的时候，积极思考、主动思考，甚至进行创造性思考的学生又极少。还有，小学生听课学习，很少有主动做笔记的，写出高质量的读书笔记的学生也不多见，大多为摘抄好词好句。语文学习的六个渠道，实际上是相辅相成、相互联系的。只有课内的听课阅读，而不善提问、不善思考，课外不善观察，不注意做学习笔记，这样，课内的听课阅读也受影响，也不会有好的效果。只有学生的读、听、问、看、思、记都做得比较好，学生才会有较好的"应知"，才会有较好的语文学习。

第二，应会。

由"知"到"会"，必须经过实践、运用。如果说"应知"是语文学习的"吸收、转化"，那么实践、运用，乃至创新，即为语文学习的"输出"。把获得的知识，内化的思想，在实践与运用中发挥出去，实现知识的应用价值。到了这个地步，学生才算真正掌握了知识。读书是学习，运用也是学习，而且是更重要的学习。纸上得来终觉浅，绝知此事要躬行。躬行之后绝知了此事，达到了"应会"。如何实现语文学习的应会呢？有五个方面。

1. 读。课堂中学到了阅读的方法，接着进行方法的应用，课内阅读和课外阅读，都是阅读方法的实践、应用。学生从阅读中学会了阅读。

2. 说。课内、课外的口语表达、交际，也是一项重要的语文实践活动，是语言文字的运用。

3. 写。课内外的作文，又是一项非常重要的语文实践活动、语言文字的运用活动。

4. 做。语文学习不仅要动嘴、动脑、动眼，也要动腿、动手。语文课程标准的学段目标与内容中，有一个非常重要的板块，那就是语文综合实践活动。语文综合实践活动，主要是语文学习当中的"做"，包括观察、调查、访问、搜集资料，甚至包括做生活中的小实验等。

5. 吃苦。知易行难。如果说语文学习获得知识需要勤奋、用心的话，那么语文实践更需要克服困难，下苦功夫。阅读、写作、口语交际，乃至课外的观察、调查、访问，做好哪件事都是不容易的。语文当中的许多问题，既出在学生"知"得少，又出在学生"行"得少。所以，学会语文，必须吃苦。

学习语言文字运用，我们既要"学习"，更要"运用"。学生会运用了，才是学会了。学生会阅读了，会口语表达了，会写作了，会观察、调查、访问了，会把语文运用于生活、学习中了，能解决生活实践中的问题了，使自己得到生动活泼的发展了，到了这个儿份上，才是真正地学会了语文。反观我们的语文教学，学生在"做"上还有较大的距离，学生做得少，做得浅，做得不认真，不到位。所以，语文学习中才有那么多的学生不会阅读，不会口语表达，不会写作，不会观察，不会调查，不会访问，不能解决生活学习中的问题。一句话，许多学生还没有真正地学好语文，真正地学会语文。因此，语文课标强调，要加强学生的语文实践活动，我们应在这方面作出努力，下一番功夫。

第三，完全地会。

"完全地会"，即学生对语文学习中的某一知识点，不是略知一二，了解个皮毛，而是能够通透地把握，全面、完整地把它学会。让学生完全地会，完整地会，教师如何做呢？

1. 把握实质。

单就课堂教学来说，教师在教学中，针对某一知识点，从整个小学阶段考虑，有计划、有步骤地组织安排教学。这种有计划、有步骤地组织安排教学，是根据小学三个学段，从低到高，循序渐进，螺旋上升，上下一体，前后一贯进行的。这种教学，从整体出发，从全面思维，不同于以往的打一枪换一个地方。过去老师的语文教学，好像把什么知识都教了，但什么都未教透，只是提一下；学生好像哪些方面都知道一点，但却未学会。而这种教学，针对某一知识点，前有铺垫，接有授新，后有巩固。语文教学中一个知识点，经过三个学段的反复教学，多次锤打，连续加温，最终让学生在头脑中形成一个坚固完整的知识组块。学生头脑中这种知识组块愈多，他的阅读理解能力愈强，语言表达能力愈强，他的语文素养也愈加丰厚。

2. 实践操作。

下面举词句教学的例子，说明如何进行实践操作。

（1）从横向让学生完全地学会。

以词语的理解、积累、运用为例。

学生在课文中学到了一个新词，达到学会的程度，包括哪些内容呢？一是要能正确地读出和写出这个词语，懂得词语的意思；二是学会积累词语；三是能在口头和书面表达中正确地使用。从加点的词语看，横向的要求是不低的。

怎样才能达到这个要求呢？比如，学生在四年级下册第2课《桂林山水》中学到了"连绵不断"一词。教师应该有整体教学的意识。一是让学生能正确地读写这个词，懂得它的意思——"指山脉河流接连不断"。二是能把这个词有效地积累下来。怎样算是有效地积累呢？——并不是机械地抄写几遍，会默写，这样的积累并不是牢靠的，而是从课文描写的情境中积累这个词语。作者把桂林美丽的山水比喻成一幅幅画卷。游人在漓江上乘坐竹筏小舟，穿行于山水之间，恰如泛舟于连绵不断的美丽画卷之中。学生一见到这个词，头脑中马上会联想到乘坐小舟穿行桂林美丽山水之间的情景。在课文情境中积累词语，学生不仅对这个词留下了深刻的印象，而且以后在走进大自然的时候，一遇到山水相连的情景，马上会脱口说出"连绵不断"这个词语。三是能在口头和书面表达中正确地运用。要让学生正确地运用，教师必须借助多媒体或图画，为学生创设一定的表达情境。若教师能有机会把学生带入大自然，那将更好。在情境中运用词语很重要，效果也好。教师千万不能以为只是让学生凭空刻意地造一个句子，就算会运用了。

听课中发现，有的教师的词语教学缺乏完整教学的观点。学习了新词，不注意引导学生用比较合理的方法积累下来，更不会为学生创设一定的情境让学生进行表达运用。因此，学生虽然学过了一些词语，最多只能读出、写出，懂得意思，积累和运用效果不够好。这就不是完整的词语教学，是学生没有"完全地学会"的结果。由此我们也明白了，为什么学生抄写了那么多词句，表达时就是用不上。这是因为教师教学出的问题。

(2) 从纵向让学生完全地学会。

以联系上下文和生活实际理解词句为例。

《语文课程标准（2011年版）》在学段教学目标与内容中，分别提出了联系上下文和生活实际理解词句的要求：低年级，结合上下文和生活实际了解课文中词句的意思；中年级，能联系上下文，理解词句的意思，体会课文中关键词句表情达意的作用；高年级，能联系上下文和自己的积累，推想课文中有关词句的意思，辨别词语的感情色彩，体会其表达效果。下面，就三个学段的词句理解，从纵向的角度分别举例谈一谈。

低年级：让学生学会"结合上下文和生活实际了解课文中词句的意思"，为中年级的进一步理解词句奠定基础。掌握这一知识与能力，让学生要明白以下三点：什么是——认识理解这种方法；为什么——这种方法有什么好处；怎么办——如何运用这种方法。下面以二年级下册《爱迪生救妈妈》一课教学为例。

课文《爱迪生救妈妈》的最后一句话是："爸爸恍然大悟，医生也露出了满意的笑容。"理解这句话，重点是弄清"恍然大悟"在这里是什么意思。上文的语言情境是：妈妈得了急病，是阑尾炎，医生要求必须立即在家里做手术。可是家里室内光线太暗，爸爸提出多点几盏油灯，医生还是摇头。这时候，刚满七岁的爱迪生突然奔出大门，不一会儿，他捧着一面明晃晃的大镜子来了，身后还跟着好几个小男孩，每个人都捧着一面大镜子。爸爸一见，又急又气，斥责他别胡闹。而爱迪生说他不是胡闹，他想出办法来了。爱迪生让小伙伴们站在点燃的油灯旁，由于镜子把光聚在一起，病床上一下子亮堂起来了。爸爸恍然大悟，医生也露出了满意的笑容。

针对"恍然大悟"一词，我的教学步骤是：①读懂课文的最后一句，关键是理解"恍然大悟"一词在课文中的意思。②理解这个词、这句话，我们可以结合上面的内容，以及生活实际。从上面的内容和生活的实际，便可知道这个词的意思。③我让学生读读上面的课文内容想一想，上下结合想一想，联系生活想一想。不一会儿，学生知道了这个词在这里是"一下子明白了"的意思。爸爸看了爱迪生及其小伙伴的做法，一下子明白了爱迪生不是胡闹，而是想出这个巧妙的办法，让医生能够顺利做手术，所以医生也露出了笑容。④其实，课文中的许多词语，都应该结合上下文和生活实际去了解它们的意思，因为一个词语在不同的语言环境下，它的情境意思可以有所不同。只有结合了它所处的上下文的语言环境，再结合生活实际，才能比较准确地把握它的意思。⑤结合上下文和生活实际了解词句的意思，是一个好方法，我们以后在读书的时候，遇到不懂的词句，就可采用这个办法。

通过这个词语的教学，学生明白了"结合上下文和生活实际了解词句意思"这一方法的好处，以及如何做，并且知道以后读书可以经常用到这种方法理解课文中词句的意思，为中年级理解词句奠定了基础。

中年级：在低年级了解词句意思的基础上，进一步学习"联系上下文，理解词句的意思"这一重要的学习词句的方法，并且体会课文中关键词句表情达意的作用，为高年级学习推想词句的意思奠定基础。一是让中年级的学生掌握这一知识与能力，主要是明白"理解"与"了解"的不同；二是中年级的理解词句，同样要结合生活实际，尽管课标上没提出来；三是注意体会课文中关键词句表情达意的作用；四是为高年级进一步更高层次地理解词句奠定基础。下面以三年级上册《陶罐和铁罐》一课为例。

《陶罐和铁罐》第一自然段：

国王的御厨里有两个罐子，一个是陶的，一个是铁的。骄傲的铁罐看不起陶罐，常常奚落它。

第一自然段中有一个词语："奚落"。这是本课的一个关键词，理解这个词，要结合上下文，以及生活实际。我是这样教学的：

①我们在二年级已经知道了，课文中的一些重点词句可以用什么办法理解。——联系上下文和生活实际。

②课文第一自然段中的"奚落"一词，是理解课文内容的一个关键词，我们就可以用这个办法来理解。

③大家想一想怎样联系上下文和生活实际理解词句呢？——读一读上下文，想一想文章内容，看看铁罐说了什么，陶罐说了什么。联系生活实际，便知道这个词在这里是什么意思。"奚落"一词本来是讥讽、嘲笑别人的意思。在这一课是说，铁罐拿陶罐不敢和他碰撞的"缺点"，用尖刻难听的话，甚至一些侮辱性的话数落陶罐，想让陶罐难堪。但陶罐却不自卑、不恼怒，心平气和，据理力争，而铁罐却显得傲慢、张狂、无理、蛮横。生活中既有像铁罐这种蛮横无理的人，也有像陶罐这样谦逊宽容的人。理解"奚落"一词，便理解了陶罐和铁罐不同的性格特点，理解了课文内容。

④"奚落"一词以及所在的句子，起到总起全文的作用。

这个词的教学，我把中、低年级打通，新旧知识结合，学生很快想到运用这种理解词句的方法，迅速理解了这个词。这样，不仅节省了时间，比低年级快多了，而且理解得也更为准确了，为高年级打下了基础。教师的启发、引导很重要。教师往哪里引，学生往哪里想，学生才容易把新旧知识相结合。这即是我的整体教学观。

高年级：在中年级联系上下文和生活实际理解词句的基础上，进一步学习推想，推想课文中有关词句的意思，辨别词语的感情色彩，体会其表达效果，让学生通透地把握结合语言环境理解重点词句、体会表达效果的方法，并让学生形成这一学习语文的重要能力。高年级学习推想，我让学生明白：①何为推想？②怎样推想？③推想有什么好处？下面举个课例说明一下。

五年级上册《梅花魂》一课，第三自然段有"玷污"一词，学生结合上下文，以及自己的积累，推想出这个词在这里的意思，不仅仅是"弄脏"之意，还有对这清白的梅花，不许对她不敬、无礼，要十分地尊重她，爱护她，因为她代表了中华民族有高尚品格的人。第十三自然段有"秉性"一词，学生结合上下文和自己的积累，推想出这个词在这里的意思，不能只是理解为性格，还有本性，本身具有的品质，从不改变的品质等。

教学中，学生有了如下收获：①明白何为推想？——猜想和推测。

②怎样推想？——一靠上下文语境；二靠学生的直觉，即语感；三靠自身的经验、积累。推想一个词语的意思，需要瞻前顾后，需要思考联想，需要阅历经验的积累。平时多接触生活，多参与实践，对理解词句、理解课文有帮助。③以后进入中学，读书的时候，遇到一个不太好理解的词句，有意思的词句，含义比较丰富的词句，都可以借用这种推想之法。这是一种重要的学习方法。

　　至此，经过三个学段的连续教学，学生对"联系上下文和生活实际理解词句"，已经有了切实的把握，积累了比较丰富的经验，形成了重要的学习能力。这即是语文教学的整体教学观所带来的好处。语文整体教学观，能让学生完全地会。不信，老师们可以试一试！

阅读教学教例

散文教学
小说教学
说明文教学
诗歌教学
文言文教学

散文教学
——体味精准的言语表达

以上五个专题，谈的是一般文章的阅读教学，从第六个专题开始，进一步具体地谈不同文体的阅读教学。关于不同文体的阅读教学，上海师范大学教授王荣生告诉我们："阅读是一种文体思维。阅读总是对特定体式的文本阅读。不同体式的课文，其阅读方式、阅读方法均有所不同。"反观当前的语文课堂，普遍存在着不顾文体的现象。许多教师在教学中，不讲究文章体式，不考虑文体特点，不采取合适的解读方式，便难以探寻到文章的精髓，难以把握文本的真义，当然也难以达到应有的阅读教学效果。所以，小学语文阅读教学，既要根据学情因人而异，又要根据文本因文而异，准确实施教学。

一、小学散文教学研究

1. 散文是小学阅读教学的主导文类。

王荣生教授不仅力倡依据文本体式进行阅读教学，而且他还认为，散文是中小学阅读教学的主导文类。他指出："中小学语文课，绝大部分课时用于阅读教学；语文教学的问题，主要体现在阅读教学中。中小学阅读教学,所教的课文绝大多数是散文;阅读教学的问题,自然聚集于散文教学中。"从人教版小学语文课标实验教材来看,所编选的课文,也主要是散文,除此之外,还有一些童话、寓言、故事、诗歌,以及小说、说明文、文言文等。小学语文教材中,尽管文类不少,但只有散文这种文类所占篇数最多,是教材的主导文类。所以,小学语文阅读教学,应首先重点探讨散文教学。

我们再来看小学语文教材中的散文。仔细阅读小学语文教材,我们又会发现,小学语文教材中的散文,大多是记叙性的散文和抒情性的散文。江苏教育学院教授李新宇先生认为:"语文教材中的散文,内容丰富,形式多样,但按其内容的性质和表达方式的不同,可分为三个品类:一是记叙性散文,即以写人记事为主。二是抒情性散文,即以抒发作者的生活激情为主,寓情于景,寄情于物,借景抒情,托物言志。三是议论性散文,即以描述事理为主。"以上三个品类,小学语文教材中主要有前两个品类,即记叙性散文和抒情性散文,第三个品类几乎没有。何以聪先生,在他主编的《小学教学全书(语文卷)》中指出:"(小学语文教材里的)散文主要有两种:以记载和叙述事物为主的叫叙事散文,以抒发作者感情为主的叫抒情散文。"记叙性散文和抒情性散文,就是我们通常所说的写人叙事写景状物的散文。

2. 小学散文特点。

小学语文教材中的散文,有三个特点。

(1) 内容丰富,取材广泛。记叙性散文和抒情性散文,取材广泛,题材多样。宇宙自然,社会人生,动物植物,花鸟虫鱼,风雨雷电,无所不包,丰富多彩。小学生学习这样的文章,可以了解社会与自然,从中获取多方面的知识,受到多方面的教育。这是从所写内容方面说的。

(2) 有感而发,因情而作。教材中的散文,不论是写人记事,还是写景状物,总要表达个人的主观感受,抒发个人的情感,表达自己的人生体验。河南师范大学教授曾祥芹认为:"散文是一种抒情达意的语言艺术,它侧重表现作者的内心感情和思想体验,无论写人事物景,都往往融入作者浓厚的情绪和趣味，即所谓'一切景语皆情语'。"小学生阅读这样的文章，可以陶冶性情，受到感染，得到人生启迪，获得价值判断。这是从写作目的方面说的。

（3）文理清晰，语言精美。记叙性散文和抒情性散文，因为是写人记事或写景状物，都有"记叙"的性质。所以，这样的散文，文理清晰，逻辑性强。课文都能按照一定的顺序进行写人记事或写景状物。另外，这些散文因为又都具有"散文"的特性，所以语言简练，表达准确，结构精巧。学生阅读这样的文章，可以学习语言文字运用，提高语言表达能力。这是从语言表达方面说的。

3. 小学散文教学内容。

根据小学散文的特点，小学散文教学的内容，应重点关注两个方面。

（1）体会作者的情感，分享作者的人生经验。小学生阅读散文，受到教育，主要是情感熏陶，主要是作者人生经验的体会与分享。学生通过一篇篇课文的阅读，不仅能学到多方面的知识，积累多方面的经验，更主要的是体会作者从人、事、物、景当中所寄寓的情感，分享作者的人生感悟和体验，从中得到人生的启迪。

（2）学习精准的言语表达。小学生学习散文，学习"思想内容"是一个方面，但更重要的是学习课文中的"语文"。散文当中的"语文"，主要体现在语言表达的准确精练上，体现在遣词造句的精妙上，选材组材的得当上，布局谋篇的合理上，结构安排的精巧上。教材中的散文是学生学习的典范。正因为"散文是一种抒情达意的语言艺术"，所以学生阅读散文，也就是学习规范的语言文字运用，学习语言表达的技巧，提高语文素养。

4. 小学散文教学原则。

根据小学散文的文体特点与教学内容，小学散文教学的原则有三条。

（1）梳理文本结构。

不论是写人叙事的散文，还是写景状物的散文，它们都是按序行文，条理清晰，结构明朗。教师引导学生把握文本主要内容时，要让学生理清文序，梳理结构，对文章有一个清楚、明白的整体感悟。

(2) 体味文本语言。

小学散文，文质兼美。教学时，教师应把理解、体会、品味语言，作为理解课文、体会情感的主要凭借。品味语言必须细读文本，反复体味，咀嚼语言滋味，把握作者情调。在这个过程中，学习作者语言表达的秘妙，提升语言运用能力。

(3) 感受文本意境。

体会语言的目的，主要是为了感受文本的意境。感受意境，即感受作者隐藏于文字背后的思想情感、哲学思考以及道德判断，领悟作者对社会、对人生的理解和态度。感受文本意境，教师必须引导学生多读多悟，展开想象，沉潜寻觅，跟随作者的情感线索，体悟文本的绝佳意蕴。学生真正神往到了文本意境，陶冶了情操，启迪了悟性，才能促其形成正确的价值观和积极的人生观，才能真正获得了人文和工具的双丰收。

二、小学散文教学教例

(一) 写人叙事类散文教学。

教例一：二年级上册《父亲和鸟》。

1. 思想内容。

从思想内容看，文章主要写父亲知鸟、懂鸟、爱鸟。文章通过"我"与父亲的对话，通过父亲的言语，表现他对鸟的理解与喜爱。请看课文的描写，尤其注意加点的地方。

父亲突然站定，朝雾蒙蒙的树林，上上下下地望了又望，用鼻子闻了又闻。他喃喃地说："树林里有不少鸟。"

父亲指着一根树枝对我说："看那里，没有风，叶子为什么在动？嗯，还有鸟味。"

在树林里过夜的鸟总是一群一群的，羽毛焐得热腾腾的。

父亲又说："听，鸟要唱歌了。"

我们刚坐下，鸟就唱起歌来。

父亲说："这是树林和鸟最快活的时刻。"

父亲对我说："在鸟最快活的时候，在鸟飞离树枝的那一瞬间，最容易被猎人打中。"

父亲说："黎明时的鸟，翅膀潮湿，飞起来重。"

童年的"我"对鸟一无所知。一次偶然的机会，"我"与父亲从一片树林边走过，在与父亲关于鸟的对话中，父亲一次又一次地解答了"我"的疑问，述说着鸟的习性。从父亲的言谈，可知他的确是一个知鸟、懂鸟、爱鸟的人。理解是爱的别名。不理解又如何谈得上喜爱呢？父亲对鸟了解得那么多，说明父亲平时就喜欢去树林，喜欢看鸟飞，听鸟叫，喜欢跟鸟打交道。所以，他是一个非常爱鸟的人。

2. 语言表达。

从语言表达看，通过人物对话，展开情节，叙述故事，表现人物。对话描写是本文最主要的特点。另外，为了表现人物，这篇散文故事还运用对比的方式，"我"对鸟的一无所知与父亲对鸟的细知深知，"我"与父亲形成了鲜明的对比。一次不经意地散步，发现了父亲对鸟了解得那么多，对鸟是那么的喜爱。父亲的话，不仅让"我"增加了对鸟的了解，而且也打动了"我"，感染了"我"，"我"也会成为一个喜爱鸟的人。课文思路清晰，语言优美，是学生学习的极好范本。

总之，文章通过"我"与父亲的对话，表现了父亲对鸟的喜爱，也传达了作者的一种价值判断——人类要爱护动植物，保护大自然，人类应与大自然和谐友好地相处。这就是值得学生分享的作者的一次人生体验。

3. 教学设计。

（1）初读课文，整体感知。

初读课文时，在识字、学词的基础上，让学生找到课文的中心句——课文的第一句话，也是课文的第一自然段："父亲一生最喜欢树林，还有爱唱歌的鸟。"这一自然段具有领起全文的作用。此处的教学，学生不仅迅速把握了文章大意，而且也学到了一种抓住总起段阅读理解文章的方法。

（2）品读对话，体会意境。

教师在指导学生阅读理解"我"与父亲对话的过程中，重点品味父亲说的话，体味作者精准的语言表达。

学生分角色朗读对话，不仅要读出父亲是多么的知鸟、懂鸟，同时要读出"我"的疑惑，"我"的无知。以童年时"我"对鸟的无知，来衬托父亲对鸟的尽知，体现出父亲对鸟深深的喜爱。

（3）指导写字。

本课教学有三个特点：一是引导学生在初读课文的基础上，抓住课文第一自然段，整体感知课文内容。二是品读对话，体会情感，追寻意境。三是采用对比方式，体会人物角色心理，提升分角色朗读对话的质量。总之，教低年级学生学习写人记事的散文，注重识字、写字、学词、理解课文内容是一个方面，还有一个重要方面，就是让学生通过反复朗读课文，体会语言，让学生感到故事内容的美、思想情感的美，意境的美，语言的美。阅读教学一定要让学生体会到语文的美，激发学生学习语文的兴趣。

教例二：三年级下册《和时间赛跑》。

1. 思想内容。

这也是一篇写人叙事的散文，在写人叙事的过程中，表达自己的一种人生体验。这篇散文的作者是林清玄。

我上小学的时候，最疼爱我的外祖母突然去世了，我扑在草坪上痛哭，内心无比地忧伤。哀痛的日子里，父母没有以"外祖母睡着了"的谎话欺骗我，而是给我说了实话，"外祖母永远不会回来了"。父亲告诉我："所有时间里的事物，都永远不会回来了，你的昨天过去了，它就永远变成了昨天，你再也不能回到昨天了。……有一天你也会长大，你也会像外祖母一样老，有一天你度过了你的所有时间，也会像外祖母一样永远不能回来了。"

外祖母的去世，父亲由此对我的实话相告，让我幼小的心灵有了巨大的感触：我也是时间里的事物，我也会永远不能回来了。这让我感到了无声的时间是那样的无情，是那样的可怕！怎么办呢？唯一的办法是与时间赛跑。于是，我每天放学跑着回家，与落日赛跑，与西北风赛跑；有时一个暑假的作业，十天就完成了；我上三年级常把哥哥五年级的作业拿来做。每一天比赛胜过时间，我就快乐得不知道怎么形容。

后来的二十年，我也常常与时间赛跑，虽然人永远跑不过时间，但可以比原来跑得更快一步，加把劲还可以快好几步。

童年的一次伤心经历，父亲的深情教诲，让作者悟出了时间的珍贵，从此作者珍惜时间，与时间赛跑。作者长大成人了，也养成了珍惜时间、抓紧时间的习惯，因此受益无穷。作者根据自己的人生体验，最后向孩子们提出忠告："假若你一直和时间赛跑，你就可以成功。"

作者童年的经历一定会引起学生的共鸣，作者的人生体验也一定会得到孩子们的理解和相信。所以，孩子们读了这篇叙事性的散文，一定会在心灵的成长上有重大的收获。

2. 语言表达。

（1）以具体感人的事例，阐释空泛抽象的道理。

珍惜时间的道理，很多学生都知道，但真正接受了，去行动了，而且一直坚持了的人，并不是太多。学生之所以没有真正接受，没有真正行动，是因为大道理并没有触动心灵，引起震撼。而林清玄的这篇短小散文却能够打动学生，引起学生的心灵共振。这是为什么？这是因为文中所写作者童年亲人离去的事，学生可能经历过，而父亲的实话告白，又会让所有的人都感到时间的可怕。因为每个人都要死去，因为时间一去不返，因为时间每日都在残酷地离我们而去，所以每个人读了这样的故事，心中都会产生波澜，都会对如何珍惜时间来一次重新的思考，并且会付出行动。作者把珍惜时间与人的生死挂钩，同时与自己的经历、思考、体验挂钩，这足以引起学生的心灵共鸣，产生良好的效应。作者以第一人称写童年的经历、体验，把这个故事讲给同龄人听，而且语言又饱含深情，娓娓道来，恰似与学生促膝谈心，学生怎么会不接受呢？

（2）语言亲切感人，句子含义深刻。

比如，爸爸说的那番话，关于时间的名言，作者对自然现象的观察与理解，作者与时间的赛跑，以及作者最后给孩子们提出的忠告等，这些描写都有比较丰富的意蕴，学生读起来都会感到无比的亲切。

3. 教学设计。

(1) 教什么。

品味语言，体会情感，获得人生哲理；学习语言表达，体会表达效果；有感情地朗读课文，深入体会人生的哲理以及语言的表达。

(2) 怎么教。

①初读课文，整体感知。

识字、学词，初步朗读课文，理清文章线索：外祖母的离去→爸爸的实话实说→"我"的观察、思考→"我"与时间赛跑→"我"的获益，"我"的忠告。也可以看作三个部分：外祖母的离去与爸爸的真情告白→"我"的思考与行动→"我"的获益与忠告。教学中，把文章这种"先叙述事例后讲解道理"之法，让学生学习运用于说话与写作之中。

②品味语言、体会情感。

引导学生联系生活实际，朗读以下语言，品味、体会语言滋味，学习语言运用。注意加点的字——

外祖母永远不会回来了。

所有时间里的事物，都永远不会回来了。

"一寸光阴一寸金，寸金难买寸光阴"，"光阴似箭，日月如梭"。

虽然明天还会有新的太阳，但永远不会有今天的太阳了。

或许明天飞过这条路线的，不是老鸟，而是小鸟了。

我的小心眼里，不只是着急，还有悲伤。

虽然我知道人永远跑不过时间，但可以比原来跑快一步，如果加把劲，有时可以快好几步。那几步虽然很小很小，用途却很大很大。

假若你一直和时间赛跑，你就可以成功。

注意本文的朗读基调——时而忧伤，时而沉重，时而平缓，时而高兴，时而深情。在朗读情感的起伏变化中，让学生产生一种敬畏时间、尊重时间、珍惜时间、勤奋学习、努力拼搏的精神。

③积累语言，积淀体验。

积累本课关于珍惜时间的名言、警句，以及作者最后的一句忠告。让学生把作者的一句忠告，工工整整地抄写下来，贴在书桌上，作为学习的座右铭。

本课教学可资借鉴之处如下。

第一，教师独立解读文本，发现文本。课文以作者亲身所历，内心所感，经年体验，阐释人人尽知的惜时道理，发人深省，耐人寻味，让人震撼。疼爱"我"的外祖母突然去世，引起"我"的极度忧伤；父亲对"我"的一席安慰，又让"我"感到了时间的无情与可怕；"我"对自然现象的观察，发现正如父亲所说，时间里的事物都是一去不返，这让"我"对父亲的话深信不疑；于是，"我"着急，"我"悲伤，"我"行动，"我"与时间赛跑；坚持了二十年，"我"获益无限。最后，作者从自己多年的人生经历中得出体验，向孩子们发出忠告："假若你一直和时间赛跑，你就可以成功。"作者给孩子们讲珍惜时间的道理，并不是耳提面命，机械灌输，而是从生死的高度，从个人的切身感受，从自己的人生体验，似与孩子们真诚恳谈，深情道来。教师对文本的这一解读，对学生理清文路，把握内容很有帮助，同时也让学生从中悟出如何把一个人人尽知的日常道理，讲给别人听，讲得震撼人，激励人，产生良好的效应。

第二，教学实施做到"思想内容、表达方法、文体特点、学情实际"四者统一。（1）引导学生理清线索，弄清顺序，不仅利于整体感知课文内容，而且从中学到了如何表达的经验。（2）联系现实生活，联系身边的人和事，联系读过的关于珍惜时间的名人故事，理解体会精准的言语，体会思想感情，收到了较好的效果。（3）最后又引导学生注意朗读课文基调的变化，声情并茂、抑扬顿挫地朗读全文，进一步感受作者的人生经历、深刻体验。

从本课教学我联想到中年级写人叙事散文的教学，应该注意以下四点。一是关注文路，学习思路，体会表达；二是联系生活，体味语言，感悟作者情怀，分享人生经验；三是注意朗读基调变化，提高朗读实际效果；四是注意学习作者遣词造句，学习言语运用。

教例三：六年级下册《我最好的老师》。

1. 思想内容。

我们一般人，心目中的好老师，知识渊博，教学认真，工作勤奋，热爱学生等。而在作者的心目中，这样的老师还不能算是最好的老师。作者心目中最好的老师"是一个很有个性的人，教学方法独特，常常有出人意料的举动"。他是一位科学课老师，叫怀特森。在科学课上，他不只是教给学生知识，而是教给学生思考。他教学生不迷信书本，不迷信权威，独立思考，具有怀疑精神，善于发现问题，提出问题。从学生的实际发展需要看，怀特森老师的做法，可谓抓住了教育的本质——培养一个会思考、会发现知识的头脑，远比只会接受知识、储藏知识的大脑好得多。正因为怀特森老师教给了我们终身发展最有用的东西，所以"我"才认为他是"我"最好的老师。文章的思想内容很有现实意义。

2. 表达形式。

这是一篇非常独特的课文。课文的"独特"主要体现在立意和选材上。

先说文章的立意。文章立意深刻。"我最好的老师"，一般人看到这个题目，立即会联想到老师工作的认真、勤奋、辛苦、有爱心，而文中的这位老师却不同于一般，他在教学中教给学生最重要的知识——如何学习，如何思考，如何探究。这个立意可谓不同凡响，既新颖又深刻，意义重大。

我们再看文章的选材。怀特森老师教会学生学习，教会学生思考，并不只是讲大道理，而是先对学生搞了个"骗局"，"糊弄"学生，让学生"全部气炸了"，都怨恨老师，然后再给学生揭示谜底，让学生明白老师"骗"学生的真正目的是什么。课文先抑后扬，意味深长。

3. 如何教这一课呢？

这是一篇略读课文。我听过不少老师讲这一课。教学中，老师们只让学生理解了课文内容，明白了如何听课学习的道理，这是十分有限的。这只是"教课文"，而没有从这篇很独特的课文中"教语文"，没有引导学生学习、体会课文独特的立意、精到的选材。语文课上，学生没有真正学到"语文"的东西，这样的语文课，是不符合课标要求的，也是不符合学生发展实际需要的。我是如何做的呢?

（1）初读课文，整体感知。

学生自由朗读课文，看看课文写了一件什么事，按什么顺序写的。

课文写怀特森老师，在科学课上，先对学生行了"骗局"，给学生讲一种世上从没有见过的叫"猫猬兽"的动物，学生都很气恼。通过这个"骗局"，老师让学生明白：课堂学习应该独立思考，不要迷信书本，也不要迷信权威，善于发现问题，提出问题，具有怀疑精神。

课文记叙的顺序是：老师的讲课与检测（1—4自然段）→老师的教诲（第5自然段）→学生的收获（6—8自然段）。

（2）联系实际，品读老师。

联系实际，体会怀特森老师所讲的道理，讨论课堂上如何听课学习。这个环节，主要是学习课文的二、三两个部分，让学生结合平时的听课学习的实际，展开讨论，深入理解独立思考的重要意义，从而进一步明白怀特森老师是作者心目中最好的老师。

（3）回读课文，发现表达。

①课文的立意——从课文独特的立意，让学生讨论：过去我们写《我最好的老师》的作文，大家一般会写老师的什么呢?——教课认真，板书漂亮，语言生动，每天早来晚走，经常给学生补课，关心爱护学生等。而课文并没有写老师的这些东西。在作者的心目中，一个最好的老师，不仅仅是工作认真，关心学生，更重要的是会教学生学习，教给学生最重要的东西——让人学会独立思考，学会发现问题，提出问题，具有怀疑精神，批判精神，学会创造性思维。通过课文的学习，学生明白了，学会思考远比只会接受知识好得多。只会听课学习，只会被动接受知识，那是机械、低效的学习，那是死的学习；而学会了思考，学会了发现，学会了提问，那才是主动的学习，高效的学习，那才是创造性学习，才是活的学习。

学过了这篇课文，今天再让我们写《我最好的老师》，我们会写老师什么呢？我们应该从教过你的老师中去思考、去发现，哪一位老师注意教给了我们最重要、最有价值的东西。——让我们学会学习，学会思考，学会做人，学会做事，学会尊重，学会吃苦，学会劳动，学会关心，学会与人相处等。

经过对课文立意的学习与讨论，同学们不仅认识了课文立意深刻，学习了课文的立意，认识了什么样的老师才是我们最好的老师，而且对过去的思想观念来一次反思，对老师来一次重新的评判。通过课文的学习，同学们提高了思想认识，提升了价值判断水平，提升了作文水平。学课文让同学们改变了思想，提高了认识。思想改变了，表达也跟着变了。这才是课文学习的价值所在。

②课文的选材——从课文很有意思的选材，我也引导学生注意：作文不仅要有好的立意，还要有生动、活泼的选材，才能更吸引读者。比如，让同学们写《我最好的老师》，要通过老师的生动有趣的教学实例，写出同学们情绪的变化，写出同学们心灵激起的涟漪。用教师生动的教学例子说话，远比干巴巴地刻意夸赞，效果好得多。

③课文的组材——课文的第一、二两句，为全文的总起句；课文的主体部分，先举课例，后讲道理；课文的最后一个自然段，看似可有可无，实则不能去掉。最后一个自然段，写别人对怀特森老师的教学方法误解，说是糊弄人，不认为他是一个好老师，而"我"却认为"你的看法错了"。从这一个小插曲又说明了什么呢？说明"我"对怀特森"最好的老师"的判断是坚定无疑的，"我"从老师那里学到的东西是无比正确的。"我"不仅坚信老师教学的正确性，而且还会坚决地去践行！

④迁移运用。

以《我最好的老师》或《老师，我想对您说》为题，写篇作文。

本课教学，教师教的是略读课文，但并没有教成问题解答课，没有教成单纯的思想内容分析课，而是让学生从课文中学习了独特的表达，提高了认识，学习了写作。从课文中学习表达，提升思想境界，是极为重要的。

由这一课的教学，我联想到写人叙事散文的教学。让高年级学生学习写人叙事的散文，要有以下关注：一是从阅读中学习作者对社会人生的价值判断，哲理思考，逐渐形成正确的世界观和积极的人生观。二是从阅读中学习思考，学会批判性思维，培养学生独立思考的精神，教会学生善于发现问题，提出问题，提升学习的品质。三是高年级学生有了较强的自主学习能力，教师应多让学生自主学习，多给学生学习实践的机会，让学生讨论、探索。四是从篇章的角度关注立意、选材、组材等，从阅读中学习写作。

（二）写景散文教学。

教例一：六年级上册《山中访友》。

1. 思想内容。

这是一篇写景的散文，是写山中的景物。文章写了山中哪些景物呢？有古桥、树林、山泉、溪流、瀑布、悬崖以及山上的白云、山中的雷雨等。作者写了心中的景物，写了对这些景物的真情实感。有情有景，情景共生。作者通过一幅幅自然画面的描写，表达了自己一路的好心情，表达了对这些景物的友好和喜爱。

2. 语言表达。

这是一篇非常独特的写景散文。文章的独特主要体现在构思上。

（1）寓情于景，情景相融。

文章内容是写去山中看到的景物，但文题却是"山中访友"。从题目可知，作者是把山中的一草一木、一花一石、一虫一鸟，当作了要好的朋友。作者不是去山上看景，而是去会友，去拜访山中的一个个好朋友。作者把山中的景物作为好朋友去看望、去欣赏，这就为写这篇文章定下了情感基调——以一种十分激动、友爱的心情去看、去听、去想、去写。文中所写每一处景物、每一个朋友，都倾注了作者友爱的情感。文中的"一切景语皆情语"。这样的文章让人读起来，倍感亲切和温暖，舒心和快乐。作者从山中一路走来，有个好心情，读者把文章一路读下来，也有个好心情。

(2)"物"、"我"一体,"物"、"我"同构。

作者不只在写客观之景,情寓景中,而且在作者的想象中,自己也成了山中之景。比如,文章的第4自然段写道:"我靠在一棵树上,静静地,仿佛自己也是一棵树。我脚下长出的根须,深深地扎进泥土和岩层;头发长成树冠,胳膊变成树枝,血液变成树的汁液,在年轮里旋转、流淌。"在作者的心目中,"我"看着景,景也在看"我","我"亲切地看着朋友,朋友也亲切地看着"我"。"我"与朋友化成了一个整体,难以分开。由此可以看出,作者对山中好友关系之密切,情感之深刻。文章把景与"我"写到这个份儿上,这不正是情景共生,物我同构的美好图画吗?

(3)语言优美,诗性表达。

文中运用了多种修辞方法,有比喻、拟人、排比,想象丰富,比拟恰切,铺排浓烈,绘景抒情,美不胜收。文中多种修辞手法的介入,再加上作者真情实感的倾注,因此文中的一字一词、一句一段都充满了诗情画意,体现了诗性的表达。请看下面的描写——

第1自然段,"走出门,就与微风撞了个满怀",一个"撞"字,将微风写活了。第3自然段写老桥,"弓着腰,俯身凝望着那水中的人影、鱼影、月影","弓"、"俯"、"凝望"都赋予了老桥这个无生命的事物以人的情感,老桥真像一位德高望众的老人!第4自然段,"走进这片树林,鸟儿呼唤我的名字,露珠与我交换眼神"。拟人手法的恰当运用,文字显得亲切、生动。文中这样饱含深情而又充满想象力的描写,还有很多。诗性地表达,有意境,有情感,有美感。读着这样的文字,是一种享受。

(4)人称改变,角度切换。

文中时而有第一人称"我",时而有第二人称"你",时而又有第三人称"他们"。人称不断改变,描写的视角不断切换,恰似好友在相互欣赏,低语传情。

总之,本文不是一篇一般的写景文章,而是一篇情感丰富、表达奇妙、感人至深的美文。谁读了这篇文章,都会被感染,谁读了文章之后,都会想走进山林,去看一看,去拥抱大自然,去亲近人类可亲可敬的朋友。这就是这篇写景散文的力量！这篇文章的作者李汉荣先生深有体会地说："我认为，人的美感和对美好事物的记忆，百分之七十来自大自然，只有百分之三十来自文化和社会生活。"愿每一个读了这篇文章的读者，都能对大自然留下美好的记忆。

3. 教学设计。

（1）初读课文，整体感知。

初读，看看文中写了哪些景，按什么顺序写的。去访友（1—2自然段）→访友（3—7自然段）→与朋友挥手告别（第8自然段）。写景散文，思路清晰，按行踪路径，一路写来。由近及远，由下到上，由山到天，由云到雨。立体描绘，五颜六色，让人心旷神怡。这种写法，值得借鉴。

（2）品读课文，学习表达。

①品文题，学命题。

文题不同一般，读后实感亲切。文题好在何处呢？对学生写景作文有何启发呢？——我们同学写景作文命题，一般比较呆板、单调、直白；多冰冷客观，少情感渗入；多了距离感，少了情趣味。比如，有的学生写景作文题是《家乡的田野》、《公园一角》、《家乡的苹果园》、《美丽的校园》等，既显得陈旧、一般，又缺乏动感，缺乏生机，缺乏活力，缺乏情趣。

②看整体，悟构思。

从整篇课文来看，作者把山中的美景当成了朋友；把去山中看景，说成去访友；作者把没有情感的自然之物，当成了富有情感的朋友来写；本来第三人称客观的叙写，变成了第一、第二、第三人称角度的不断切换。文中还运用了多种修辞手法。作者在动笔之前的这些构思，很巧妙也很重要，很值得同学们学习。巧妙的构思，来自对所写事物的热爱；精美的文篇，又少不了精巧的设计。情感、构思、成文，是三位一体的。

③品词句，学运用。

教师引导学生抓住作者对山中美景描写的词句，感悟文章充满诗情画意的语言，体会作者对山中好友的真挚情感，体会作者写景抒情表达的妙处，学习语言文字的运用。

(3) 把握基调，朗读全文。

以与朋友叙旧话新，问长问短，娓娓交谈的亲切、友好的情调，朗读全文。朗读这篇课文的主调是热爱、感激，具体的段落又有所变化。比如，读到写老桥的地方，读到写山泉的地方，读到写瀑布的地方，读到写雷雨的地方，都应该有所不同。朗读这篇课文，没有声嘶力竭，没有装腔作势，没有虚情假意，只有心与心的交换，情与情的交流。

在有感情朗读全文的基础上，把自己喜欢的部分背下来，把美好的记忆永久地定格于心灵。山中之景，从作者的心中、情中，走到了文字中，来到了纸上，最终又到了每一个读者的心灵之中。

(4) 学习表达，迁移运用。

下面的题目任选一个，写篇作文。

①山中访友　②田中寻友　③林中观友
④公园觅友　⑤河边看友　⑥果园赞友

这篇写景散文的教学，如果有亮点的话，那主要在于教师有比较强烈的学习文本表达的意识，而不只是让学生理解景物特点，体会思想感情。教学中，诸如品文题、学命题；看整体、学构思；品词句，学运用。学习了课文的表达，教师又让学生写一篇写景作文，让学生的语文学习，从认识到了实践，训练学生的语言表达能力。

教师教写景散文，普遍存在的问题是，只是让学生抓住景物特点，理解词句，体会意思，体会作者对景物的喜爱，而没有让学生进一步学习如何写景，如何借景抒情。因此，学生学习了许多写景的文章，到最终还是不会写景，还是怕写景。所以，写景散文教学，要突出抓五个方面：一抓写景线索；二抓景物特点；三抓语言运用；四抓作者感情；五抓朗读、背诵。

教例二：三年级下册《荷花》。

1. 思想内容。

这是叶圣陶先生写的一篇写景散文。这篇短小的散文写了公园荷花池里的荷花。写了荷花的香，吸引了"我赶紧往荷花池边跑去"；写了"荷叶挨挨挤挤的,像一个个碧绿的大圆盘";写了白荷花花开的各种景象,一池的白荷花都很美,像一大幅活的画。还写了作者陶醉在白荷花的美丽之中,情不自禁地展开了想象,忽然觉得自己仿佛就是一朵荷花,穿着雪白的衣裳,站在阳光里,微风吹来,翩翩起舞,衣随风动,一池的荷花都像似在舞动。风过了,舞停了,蜻蜓、小鱼都来跟"我"打招呼。过了一会儿,"我"才醒过来又回到现实中,"我"才记得"我"不是荷花,"我"是在看荷花。

这是一篇多么美的小散文!文章写了荷叶的美,荷花的美,写了想象中的自己也像荷花一样的美,写了自己美好的心情,表达了自己对荷花的热爱,对大自然的热爱。

2. 语言表达。

(1) 按什么顺序写荷花的。

"我"赶紧往荷花池边跑去看荷花(第1自然段)→"我"看到了白荷花的美以及自己陶醉在荷花的美丽之中(第2—4自然段)→花醉醒来,回到现实,"我"仍然是一个看荷花的人(第5自然段)。简而言之,即:"我"看荷花→"我"被荷花的美陶醉了→"我"醒了,依然是在看荷花。文章的结构是"总分总",上下首尾呼应。

(2) 文中有写实,有想象。虚实结合,共同表现了荷花的美。

(3) 多种修辞手法的运用,有比喻,有排比,有拟人,显得荷花更美了。

3. 教学设计。

(1) 初读课文,整体感知。

学生初读,识字、学词,把课文读得正确、流利,整体感知课文内容。课文题目是"荷花",内容主要写了公园一池的白荷花,写了白荷花的美,写了"我"陶醉于白荷花的美丽之中,自己也变成了一朵美丽的白荷花,身着雪白的衣裳,翩翩起舞,衣随舞动,蜻蜓、小鱼都来跟我打招呼⋯⋯

（2）品读语言，探究表达。

作者笔下的白荷花是非常美丽的，那么文章是怎样把白荷花写得那么美丽呢？这其中有什么经验可学吗？

①按"总分总"顺序写的（"我"看荷花—"我"陶醉了—"我"醒了，还是看荷花）。

②从实写到虚写。实写荷花花开的各种景象，美好的花姿，像画家画得一样美；虚写想象中的看花人——"我"被花的美丽陶醉了，从人的醉写出荷花的美，以人衬花花更美。

③多种修辞手法的运用。

④有感情地朗读课文，边读边想象，大脑中形成画面，读出荷花的美。

⑤从中学到什么写作经验呢？写景作文，言之有序；两头小，中间大，首尾照应；既写看到的，又写想象到的；有比喻才有美丽，注意运用比喻、拟人、排比等修辞手法；锤炼词语，力求用词准确，生动。

（3）回味整体，从读学思。

学习写景散文，不仅要注重引导学生学习文章表达，还要进一步学习作者对周围世界的热爱、观察与思考，探究文章是如何产生的，这对学生产生文章有实际的借鉴作用。

①文章不是无情物。对一处景物不喜爱，没感情，一定写不好。课文第一句足可以看出作者十分喜爱荷花。

②光喜爱不行，还要会观察。知道按照一定的顺序观察，从整体到部分的观察；整体是概览，部分为细观。

③边看边想，美在何处，像什么，如何形容。

④全身心地观察，情注其中，陶醉其中，展开想象，物我合一。

⑤观察、思考、想象，是产生作文素材的重要手段。

（4）迁移运用，读写结合。

学习作者的热爱与观察，思考与表达，迁移运用，写篇作文。——春天到了，花红柳绿，百花争艳。请你怀着对春天的热爱，走进春天，去赏花、去寻美，写篇美文。下面几个题目供你参考。

①春梅　②桃花　③海棠　④春柳　⑤约会春姑娘

⑥春天的小河　⑦春天的田野　⑧春天的家乡　⑨春满校园

我听过不少老师教《荷花》一课，一般只注重让学生了解荷花的美，了解比喻、排比以及第四自然段的想象表现手法。教学以理解内容为主，以学习表达为次。我在教学中，却是从表达的角度入手去探讨荷花的美，去体会、朗读荷花的美。还有，我不仅让学生学习课文表达，而且又进一步引导学生学习作者对自然的热爱，对自然的观察、思考，探讨作者是如何产生这篇文章的。这对学生的爱景、看景、思景都会有不少的启迪。我这样做，正符合中年级学生的学习观察与思考的学段需要。从作文产生的过程看，没有观察与思考，即没有表达，没有作文。

这次写景散文的教学，对学生热爱自然景物，观察认识景物，思考与想象，获取作文素材，都有重要的学习借鉴之处。经常进行这样的教学，学生的观察、思考、积累与表达能力，会提高得比较快。

（三）状物散文教学。

教例：五年级下册《白杨》。

1. 思想内容。

这是一篇状物散文，也是一篇托物言志的散文。作者袁鹰托白杨之物，言个人之志。

"物"与"志"之间一定有许多的相似之处，我们先来看作者笔下的白杨。作者笔下的白杨有何特点呢？——它生长在戈壁滩上，没有水，没有肥，经年累月，风沙吹打。但是，它却长得高大挺秀，笔直粗壮，枝繁叶茂。不论从外形，还是到内质，白杨树都是一种令人羡慕的树。

作者从白杨树的高大挺秀，坚定不移，不怕任何风沙雨雪的品质，寄托了自己的一种意志——文中在新疆工作的"爸爸"，就具有白杨一样的品质。20世纪60年代，为响应国家号召，祖国内地数十万青年从中原出发，跨过千山万水，走进广袤的茫茫戈壁，来到新疆。他们用双手搭起四面透风的棚子，挖出阴暗潮湿的地窝子，喝着盐碱水，吃着熟麦粒，开荒造田，修路栽树，每天不遗余力工作十几个小时，毫无怨言，用血肉之躯谱写了屯垦戍边、改天换地的新篇章。这位"爸爸"在新疆工作了好多年，在那里安了家落了户，这次又把两个孩子接到新疆，上小学，将来上中学，在那里工作。这位"爸爸"的经历以及他的志向不正是白杨树的生动写照吗？文中"爸爸"的意志，也正是作者袁鹰的意志。

这篇文章，是袁鹰在20世纪60年代，一次从兰州至新疆的火车上的观察与思考。作者写这篇文章的目的，是歌颂我国从内地去新疆开垦戍边的建设大军。他们离乡背井，远赴新疆，战胜困难，坚定不移地扎根边疆，建设边疆，发展边疆。这种精神可亲可敬，可歌可泣！

2. 语言表达。

（1）行文思路。

出神地思树（1—4自然段）→严肃地赞树→（5—15自然段）→沉思后的微笑（第16自然段）。

（2）托物言志。

这位"爸爸"为何出神地思树？他被戈壁滩上白杨的高大挺秀所打动，被白杨的坚强不屈所感染。他看着一棵棵一闪而过的白杨，发呆了，专注了，对白杨十分的羡慕。这位"爸爸"为何严肃地赞树？因为他听到孩子们关于白杨树的争论，认为孩子们根本不认识白杨树，不理解白杨树，甚至误解了白杨树，不知道它的优秀品质，所以才严肃地对孩子们介绍。目的是引起孩子们的注意，记住白杨树坚强不屈的品质。这位"爸爸"最后为什么由沉思变成了微笑？因为他看到眼前的孩子们，正如同火车前进方向的右面，一棵高大白杨树跟前的几棵小白杨一样，即将长大成人，成为国家建设新疆的接班人。

通过以上分析可知，作者想借白杨表达的一种意志是：希望大家要认识白杨，理解白杨，赞美白杨，直至做白杨一样的人。不仅新疆的建设英雄像白杨一样，生活中的每一个人，都应该如同白杨，像白杨一样坚强，不论什么环境下，都能克服困难，生长下去，发展下去。这即是作者向世人表达的一种人生哲理。

（3）语言表达。

①"高大挺秀"一词为重点词，可以联系下文理解。

②第12自然段，"爸爸"对白杨树的赞美，语言优美，饱含深情，应让学生背下来。同时，在背诵的过程中，由树想到人，想到自己，自己要做白杨一样的人。

③通过人物神态描写，来反映人物心理。如写爸爸：出神地沉思→严肃地对孩子们介绍→嘴角又浮起一丝微笑。

3. 如何教这一课呢？

（1）初读课文，整体感知。

初读，理清思路。通过理思路，让学生明白每一处节点，"爸爸"的神情为何会有那样的变化。一开始面对一棵棵一闪而过的高大白杨，为何望得出神，白杨的什么打动了他？他向孩子介绍白杨，为何又变得严肃起来？最后为何又从沉思中露出微笑？神情的变化，是因为眼前事物的变化。面对高大挺秀的白杨树——出神；面对两个孩子的无知争论——严肃；看到一棵高大白杨树跟前有几棵小白杨正迎着风沙成长——微笑。

理清文路，才能比较全面、具体地把握课文内容。

（2）品读词句，体会情感。

①联系下文，理解"高大挺秀"一词。白杨树——高大挺拔、外秀、内秀。

②爸爸为何看树看得出神？

③读好爸爸介绍白杨树的那一段爸爸为何严肃地对孩子们说，并背诵下来。由树想到人，想到自己。

④学生讨论：爸爸不只是在向孩子们介绍树，而是在表白他自己的心——教师向学生介绍我国60年代百万大军开赴新疆、建设新疆、扎根新疆的历史，让学生明白新疆的建设者的英勇伟大，可歌可泣。我们应该认识白杨，理解白杨，赞美白杨，做白杨一样的人。

⑤最后，这位爸爸为何从沉思中又有了一丝微笑？——看到几棵小白杨，正迎着风沙茁壮成长，心中有了希望——建设新疆，后继有人。我们

应该好好学习，将来长大了，去建设新疆，发展新疆。

⑥把握基调，朗读全文。

孩子们天真烂漫，爸爸严肃深沉。总体基调是深沉、严肃的，充满情感的。读出作者对白杨树的敬畏、赞叹，对未来充满的希望。

(3) 拓展延伸，迁移运用。

学习本文借物寓人的写法，写一篇作文。下面题目供参考。

①冬梅　②雪松　③冬青　④小草　⑤红薯　⑥铺路石　⑦小溪

本课教学有如下特点：①理清思路，深入体会作者托物所言之志。②联系上下文理解重点词语。③教学每一个节点，都问个为什么——爸爸为什么看得出神？爸爸为什么严肃地对孩子说？爸爸为何又有了一丝微笑？④从更高的层面上，把握作者所言之志：白杨—新疆建设者—所有的人。

关于状物散文的教学，应注意以下几个方面：①理思路，思考每个节点为什么，有助于深入理解课文内容。②品词句，体会情感，注意一些含义深刻的句子，可以联系上下文及生活实际理解。③注意拓展作者所言之志：物—人—所有的人。④把握朗读基调，有感情朗读全文。⑤学习托物言志之法，迁移运用，从读学写。

小说教学
——学习作者是怎样讲故事的

一、小学小说教学研究

一提到小说,大家都知道它有三个要素,即典型的人物形象,完整的故事情节,特定的环境描写。从它的构成我们可以得知,小说是通过完整的故事情节,来塑造典型的人物形象,广泛地反映现实生活的一种文学体裁。

(一)小说主要教什么?

传统小说教学,大家都比较重视小说的人物形象塑造,引导学生学习作者是如何刻画、塑造人物的。学习塑造人物形象的方法,成了教学的重点。学习小说,关注人物形象的塑造,无可厚非。但我认为,一个小学生学习小说,更重要的是应该学习作者是如何叙述人物故事的,学习如何把生动的人物故事讲出来的,学习作者讲故事的技巧。比如,学习《穷人》,应重点引导学生学习作者是如何向我们讲述几个穷人之间相互关爱的故事的;学习《凡卡》,重点学习作者是如何向我们讲述凡卡挨打受罪的故事的;学习《草船借箭》,重点学习作者是如何给我们讲述诸葛亮神机妙算草船借箭故事的。学习小说重点学习作者是如何讲述故事的,这对正处在小学阶段的学生学习"记叙"的知识，培养"记叙"的能力，更显得有意义。

把小说教学的基本点和重点，聚焦于作者是如何讲故事的，有三个方面的原因：第一，小说的故事情节，是小说的第一要素，也是小说的最基本要素。第二，小说中的人物是虚构的。既然人物是虚构的，那么刻画什么样的人物，就无须作太多的纠缠，不要把主要精力都放在上面。第三，刻画人物是"虚"的，而故事叙写的方法、技巧却是"实"的。我们更应该让小学生重点学习小说中"实"的成分，提升小学生实际的读写能力。

学习小说，应该重点学习作者是如何讲故事的，我的这个观点得到了许多教授、专家的认可与支持。他们都很看重小说中的叙事方法，把故事情节分析、学习，作为小说教学的一个基本任务。

(1) 浙江外国语学院教授汪潮：

小说是一种叙事性文学体裁，通过叙述故事与描写环境，塑造人物形象，反映社会生活。其主要特点是：故事情节、人物形象、环境描写。小说的教学策略：分析故事情节、分析人物形象、学习环境描写、欣赏小说的语言、理解小说的主题、寻找小说的文眼。

(2) 河南师范大学教授曾祥芹：

在小说和戏剧的阅读中，由于它们都是叙事文学，情节结构具有相似性……因此读者在阅读中具有着大体相同的思路，即在融入情节的精神历险中与人物产生情感上的共鸣，在初感的基础上领悟作品的深意。……小说文体，由于情节是它演绎故事的重要依托，读者须从情节发展的中心线索去抓取主题，从塑造的主要人物形象去领悟审美蕴涵，从描绘的生活图画去观照社会历史。

(3) 江苏教育学院教授李新宇：

小说教学的策略是，1. 分析小说的情节结构。首先应该引导学生熟悉故事情节，理清情节发展的过程和线索。其次，注意情节发展的各个阶段，研究情节在小说中的重大作用。再次，重视情节发展的偶然性。最后，注意分析情节对刻画人物的意义。2. 掌握刻画人物形象的方法，有肖像描写、行动描写、语言描写、心理描写、环境描写、细节描写等。3. 分析理解人物形象的社会意义,一是联系写作背景和小说中的社会环境描写,挖掘人物形象塑造的社会意义;二是鼓励学生个性化地解读人物形象,创造性地理解小说。

(4) 东北师范大学教授金振邦:

小说文体的第一个特征便是:以叙述和描写笔法为主,采取灵活多样的艺术表现手法。小说是通过描写一定环境中的人物的活动来表现作家思想情感和对社会的认识,人物、情节、环境是它的三大要素。与诗歌和散文抒情成分较浓的特点相比,小说的叙事成分重得多。写人、叙事、状物、摹景,细微至描写人物的深层心理,阔大到描绘世态百样人生,所使用的主要笔法离不开对事件、情节的叙述和对人物、环境等的描写。这种以叙事与描写为主要表现手法的特点正是小说最擅长也是最主要的特征。

(5) 上海师范大学教授王荣生:

随着小说叙述学和小说文体学的深入研究,人们逐渐认可了这样一种观点:小说是经验成分和虚构成分重新结合的产物。一旦虚构存在,叙述"什么样"的故事便不再那么重要,小说"写实"的功能和地位骤减。人物是否可信,情节是否完整而富有因果逻辑,是否一定要有一个主题和一个怎样的主题……这些问题的分量减轻了。

许多时候人们关注的是"怎样"讲述一个故事。虚构的合法性使叙事文学在很大程度上摆脱了说明、推理和澄清事实等诸如此类的世俗行为,欧美的很多小说创作开始背离"真实""反映""模仿"等现实主义陈规,叙事成为一种富有挑战性的技巧。立足于传统和现代两种小说观的比较,我们对小说体式特征的认识应该有一种更宽广的视野,在保持小说三要素的基础上,应吸纳更多的"叙事技巧"方面的知识。

(6) 北京大学教授曹文轩:

小说就是讲故事,故事是小说的基本面,是一切小说不可或缺的最高要素。

从以上六位教授的观点,我们可以得出以下关于小说教学的思考。讲故事是小说最基本的要素,也是最重要的要素。尽管人物是小说中的核心要素，但它是故事叙述中的人物，是故事框架下的人物。并且，故事又是虚构的，人物也是虚构的，因此:小说教学，我们应该引导学生关注小说中的"讲"，关注作者是如何把这个故事巧妙地讲出来的，这或许对小学生的语文学习更有帮助。说得更客观一些，小说教学，我们应该在引导学生学习作者讲故事、学习讲故事的技巧过程中，品读作者讲故事的方法，诸如作者是怎样通过描写人物以及环境等，来丰富多彩、意味深长地讲故事的。学习作者如何讲故事的，是小说教学的总目标，而品读故事情节、感受人物形象、体会环境描写、学习语言表达等，则是实现教学目标所完成的任务，所采取的方法、策略、过程等。

从另一个方面看，小说的"教学阅读"应不同于"生活阅读"。一般人在生活中阅读小说，是消遣性的，读得比较快，关注的是好玩的情节，好笑的人物，关注人物的命运，人物的喜、怒、哀、乐等。而教学中的阅读小说，则有学习语言表达的目的，提高阅读能力的目的。为着这样的目的去阅读小说，不能走马观花，一目十行，必须沉下心来，关注作者是怎样讲小说故事的，是怎样在讲故事的过程中，表现人物的，进行环境描写的，是怎样遣词造句的。从小说阅读中，学习"语文"的东西。

小说有长篇、中篇和短篇之分。根据题材内容和表现形式，小说又分为当代小说、现代小说、历史小说、惊险小说、推理小说、科幻小说等。小学语文教材中的小说，主要有古今中外的当代小说、现代小说以及历史小说和神话小说等。从篇幅看，主要是短篇小说或长篇小说的节选。

(二) 小说应该怎么教?

1. 从整体把握故事。

首先从整体看，小说的故事情节是怎样的，作者是如何叙述故事的。

教学中，应关注小说的情节发展、叙述线索，以及叙事过程中所关涉的一些重要因素，如故事中的事件、人物、环境等。

2. 从部分把握人物。

从部分看，学习作者塑造人物的方法、环境描写的方法。

品读人物要注意贴着人物的心灵。因为作者是贴着人物写的，所以读者也必须贴着人物读。环境描写，主要看它对表现人物、连续故事起到什么作用。

学习作者塑造人物的方法、环境描写的方法，要特别关注语言。比如，情节发展转换的语言，人物描写的语言，人物的肖像描写、语言描写、动作描写、心理描写以及环境描写等。要抓住一些细节描写，品鉴人物，理解作者的思想倾向，体会作者在人物形象塑造上所寄寓的情感。

3. 回归整体，学习作者是怎样讲故事的。

理解了情节，品读了人物，欣赏了环境，教学的最后还要回到作者是如何讲故事上来。学习作者讲故事的方法，学习语言表达的技巧，看看作者是如何在讲故事的过程中，展开情节、描叙环境、刻画人物的。

二、小说教学教例

教例一：六年级下册《凡卡》。

1. 思想内容。

这是俄国作家契诃夫的短篇小说。小说向我们讲述了凡卡的故事。故事讲凡卡从乡下来到城市做学徒，在学徒期间所受的苦、所挨的欺、所遭的罪，反映了沙皇统治下的俄国社会穷苦儿童的悲苦命运，揭露了当时社会制度的黑暗。

九岁的凡卡是一个没爹没娘的农村孤儿，他唯一的亲人只有他的爷爷。可他的爷爷也是农村一个贫困不堪的孤老头子，每天为一个富人家守夜，勉强过活。爷爷没法养活凡卡，只好把他从乡下送到城里，给一家鞋店当学徒。他做学徒已有三个月。仅这三个月的学徒生活，凡卡就吃了很多的苦，遭了许多的罪，过着非人的生活。请听凡卡向他唯一的亲人爷爷的倾诉：

昨天晚上我挨了一顿毒打，因为我给他们的小崽子摇摇篮的时候，不知不觉睡着了。老板揪着我的头发，把我拖到院子里，拿皮带揍了我一顿。这个礼拜，老板娘叫我收拾一条青鱼，我从尾巴上弄起，她就捞起那条青鱼，拿鱼嘴直戳我的脸。伙计们捉弄我，他们打发我上酒店去打酒。

吃的呢，简直没有。早晨吃一点儿面包，午饭是稀粥，晚上又是一点儿面包，至于菜啦，茶啦，只有老板自己才大吃大喝。他们叫我睡在过道里，他们的小崽子一哭，我就别想睡觉，只好摇那个摇篮。亲爱的爷爷，发发慈悲吧，带我离开这儿回家，回到我们村子里去吧！我再也受不住了！……我给您跪下，我会永远给您祷告上帝。带我离开这儿吧，要不，我就要死了！……

凡卡愿意跪下乞求爷爷，发发慈悲，带他回去。不离开这儿，他就要死了。一个八九岁的孩子，向唯一的亲人跪拜发出那样的求救，誓死要逃离他学徒的鬼地方，我们可以想象一下，凡卡不论在身体还是在精神上，他要遭受多么大的折磨，要受到多么严重的摧残呢！

我们再来看一段凡卡向爷爷的乞求：

"快来吧，亲爱的爷爷，"凡卡接着写道："我求您看在基督的面上，带我离开这儿。可怜可怜我这个不幸的孤儿。这儿的人都打我。我饿得要命，又孤零零的，难受得没法说。我老是哭。有一天，老板拿楦头打我的脑袋，我昏倒了，好容易才醒过来。我的生活没有指望了，连狗都不如！……"

读着凡卡向爷爷倾诉的一字一句，我觉得凡卡是在用血泪向爷爷写信，是在用哀号发出求救！谁读了这样的文字，都会在心灵上产生巨大的震撼，都会同情凡卡的不幸，憎恶俄国沙皇社会的黑暗！这是一篇非常震撼人心的文章。

凡卡不仅向爷爷倾诉了自己所过的学徒非人生活，恳求爷爷来把他接走，而且还向爷爷介绍了莫斯科这座城市，介绍城市的房子、教堂、大街、商店等，同时还回忆了乡下天空洒满星星的夜晚，回忆了爷爷为富人家守夜的日子。城市生活再好那是别人的，农村生活再苦，是有爷爷可以依偎的。所以，凡卡迫切盼望着爷爷能把他从城里带到乡下去。文章尽管也插叙了城市生活、乡下爷爷生活，但这些都是为映衬凡卡学徒的受苦生活。写凡卡学徒的受苦生活，是文章的中心内容，也是主要内容。

2. 语言表达。

这篇小说的语言表达非常特别。文章的特别之处表现在以下几个方面。

（1）运用写信的方式。

以凡卡向爷爷写信的方式，介绍他在这里所受的苦与难，向亲人表达自己的仇与恨。写信是倾诉体，以第一人称向对方倾诉，能最真实、最深刻地表达自己的真情实感。这种形式，要比第三者的旁观介绍效果好，更能打动人。

（2）运用对比的方式。

老板一家人每天吃饱喝足，而凡卡每天却饿得快要死了；城市商店里好吃的、好玩的多得很，而身处咫尺的凡卡却只能看看而已；城市的圣诞前夜，大街上热闹非凡，小孩子兴高采烈，而就在这同一城市做学徒的凡卡却给爷爷写信，要逃离这座城市；凡卡在城里吃不饱、穿不暖，而乡下的爷爷给人家守夜，也同样过着穷困的生活；凡卡饱含深情地、虔诚地给爷爷写信，倾诉自己的痛苦，迫切地要爷爷接他回乡下去，而凡卡写的这封信却因为没有写清爷爷的住址，爷爷永远也收不到。凡卡所遭受的苦与罪已经够震撼人心的了，而作者又运用一系列的对比，更加重了凡卡的孤苦、可怜，更反衬出社会的不平与黑暗。

（3）有顺叙，也有插叙。

从全文来看，文章按照"写信→写信封→寄信"的顺序。在写信向爷爷表达心愿的过程中，文中有不少的插叙，比如向爷爷介绍城市的圣诞之夜，回忆爷爷在圣诞节里干了些什么，又想起乡下那没有月亮的夜晚等。

（4）讲故事的线索既清晰，又有深意。

圣诞前夜，在城里做学徒的九岁凡卡，想起了乡下的爷爷，想起了乡村生活，他准备给爷爷写封信（1—6自然段）→凡卡在信中向爷爷诉说了自己过的非人学徒生活，还向爷爷介绍了城市的圣诞之夜，乞求爷爷来接他，离开这里（7—15自然段）→写上地址、寄信、进入梦乡（16—21自然段）。这个思路，简单地说即是：准备写信→写信→寄信。让人伤心的是，凡卡虔诚地给爷爷写信，哭天喊地地乞求爷爷来接他，而他爷爷却永远收不到这封信。这就更激起了人们对凡卡的同情与怜悯，加深了故事的悲剧性，深化了小说的主题。

3. 教学设计。

（1）初读课文，整体感知，理清叙事线索。

①主要内容：故事讲了一个什么人，讲了他什么事——凡卡，圣诞节的前夜，给乡下爷爷写信，诉说自己在城里学徒所遭受的苦与罪。信中，凡卡除了向爷爷诉说自己的苦与罪，还向爷爷介绍了城市里的圣诞之夜，孩子们是多么的快乐，而自己却无法在这座城市生活下去。凡卡在写信的过程中，还回忆了乡下爷爷的圣诞节是怎么过的，回忆了乡村没有月亮、只有满天星星的夜晚是多么的静谧。他向往乡村，向往爷爷！

②叙事线索。圣诞节前夜，在城里做学徒的九岁凡卡想到爷爷，他打算给爷爷写封信，向爷爷祝贺圣诞快乐，同时恳请爷爷来把他接走（1—6自然段）→凡卡在信中向爷爷诉说了自己的悲苦，同时向爷爷介绍了城里的圣诞节，孩子们多么的快乐，而自己却要逃离这座城市，凡卡一心向往爷爷，向往乡下生活（7—15自然段）→写上信封、寄信、入睡，做着爷爷念信的美梦（16—21自然段）。

（2）品读语言，体会人物，领悟作者情感。

①弄清文章运用几种表达方法。一是写信方式；二是对比方式；三是顺叙与插叙；四是巧妙地构思，这封信爷爷永远也不会收到。

②品读几个重点部分，感悟凡卡的悲苦，体会作者的情感。

第一，品读第7自然段——感悟凡卡的悲惨遭遇，他乞求爷爷把他接走。但这封信却永远不能被爷爷收到。这是一个多么可怜的孩子！如果是你自己，你会怎样呢？贴着凡卡的心，有感情地朗读这一段，读出凡卡的悲惨遭遇，同时体现出对老板一家的恨！

第二，品读第15自然段——感悟凡卡再一次向爷爷诉说着自己的悲惨遭遇，但他的呼声仍然不会被爷爷听到。这是一件多么令人撕心裂肺的事！如果是你自己呢？你会怎样呢？再一次贴着凡卡的心灵读，有感情地朗读好这一段。

第三，略读4—6自然段——这几段是凡卡在正式给爷爷写信之前，回忆了爷爷为富人守夜的生活，以及乡下没有月亮只有星星的夜晚。作者写这些内容，对表现凡卡的悲苦有何作用呢？——对比。乡下的日子再穷，但有亲人在身旁，总比在城里孤苦伶仃地受苦好。两相比照，反衬出凡卡向往爷爷、向往乡村的迫切心情。

第四，略读第11自然段——这一段是凡卡写信向爷爷介绍城里的圣诞夜，城里的孩子是多么的快乐，而凡卡却想离开这座城市。这也是对比，也反衬出凡卡学徒生活的悲苦。凡卡想远离热闹的城市，回到乡下，回到爷爷身边。

③设计几次对比朗读。

第一次：联系爷爷收不到凡卡的信，读第7自然段（凡卡向爷爷诉苦）；第二次：再次联系爷爷收不到凡卡的信，读第15自然段（凡卡再次向爷爷诉苦）；第三次：联系城市圣诞节的快乐生活，读第7自然段（身在这座城市的凡卡，却过着苦难生活）；第四次：联系乡村的夜晚美景，读第7自然段（乡村很美，而凡卡在城里却过着贫困的生活）。

④贴着凡卡的心，有感情地朗读全文。注意朗读基调的变化——读凡卡的悲惨生活，要读出对凡卡的同情，同时读出对老板的恨；读乡下爷爷生活及乡村夜晚，要读得轻松、舒缓，体现出凡卡的向往心情；读城市的圣诞之夜，也要读得轻松、欢快，和凡卡过的日子形成鲜明的对照。

（3）回归整体，体会作者讲故事的技巧。

①凡卡给爷爷虔诚地写信，爷爷却收不到这封信，构思之巧；②对比方式，反衬之妙；③顺叙、插叙，结合之妙。

多种表达方式的综合运用，使凡卡更让人怜悯，使故事更感人。

本课教学，一是让学生注意学习作者是如何讲故事的，这对学生的语文学习有诸多实际的帮助。二是在整个学习过程中，教师始终注意引导学生学习语言文字运用，提高语言文字运用能力。三是引导学生品读课文时，注意把有关内容联系起来。比如，把凡卡的悲惨遭遇和爷爷却收不到他的信，爷爷不会来接他的悲惨结局结合起来；把凡卡的悲惨生活与近在咫尺的城市欢乐夜结合起来；把乡村星空下美丽的夜晚与凡卡的此时正受苦也结合起来。把相关联的内容联系一块儿品读，这样能多次引起学生联想，多次激发学生情感，多次点燃学生激情，充分引起学生的情感共鸣，声情并茂地朗读课文。四是引导学生贴着凡卡的心，有感情地朗读全文，深入体会文章的思想情感以及语言表达。

教例二：四年级下册《小英雄雨来》。

1. 思想内容。

这篇小说讲的是在那战火连天、枪炮轰鸣的抗日战争时期，晋察冀边区的少年雨来，聪明胆子大，游泳本领高，为了掩护革命干部，机智地同敌人作斗争的故事。课文围绕这一中心，分六个部分叙述。一是讲雨来的游泳本领高；二是讲雨来上夜校接受爱国主义教育；三是讲雨来掩护交通员李大叔；四是讲雨来同敌人进行不屈的斗争；五是讲芦花村的人误以为雨来牺牲了；六是讲雨来因为游泳本领高，所以他并没有死。

故事情节紧张而又丰富多彩、跌宕起伏，将一位热爱祖国、热爱人民、不畏强敌的少年英雄展现在读者面前。

2. 语言表达。

(1) 事情发展的叙述顺序，前因后果的情节发展。

课文是按照事情发展的顺序讲述这个故事的。课文的六个部分十分清晰，它们之间还有前因后果的联系。正因为雨来游泳本领高（第一部分），所以最后才可能得出雨来没有死的结局（第六部分），首尾呼应；正因为雨来接受了爱国主义教育（第二部分），所以雨来才会能勇敢地掩护交通员李大叔（第三部分），同敌人进行顽强不屈的斗争（第四部分）；正因为雨来冒着生命危险掩护了交通员李大叔（第三部分），所以后来才可能被敌人抓到，遭到敌人毒打，宁死不屈（第四部分）。故事发展的因果关系非常明显，线索也十分清楚。

(2) 正因为前后有因果关系，有密切联系，所以文中的前后照应非常明显：一是情节上的因果照应；二是开端结果的首尾照应；三是环境描写的前后照应，比如第一自然段描写芦花村芦花开的时候，写道"远远望去，黄绿的芦苇上好像盖了一层厚厚的白雪"，和第五部分所写"苇塘的芦花被风吹起来，在上面飘飘悠悠地飞着"相互照应。

（3）为了更好地表现人物，文中有人物的动作描写、语言描写、外貌描写，还有环境描写，尤其文中有不少细节描写，比较传神。

3. 教学设计。

这是一篇略读课文。许多老师教这一课，仅仅让学生体会雨来的"英雄"之处，少有语言表达的学习，这样不利于提高学生的语文能力。我教这一课，注意从表达的角度入手，组织学生学习。

（1）初读，解决两个问题。

一是文章有六个部分，每一个部分写了什么？理清故事情节发展的线索。二是文章题目说雨来是"小英雄"，那么从哪些地方可以看出来呢？——文章的三、四、五、六部分。

（2）再读，体会雨来的英勇。

一是品读文章的三、四部分。抓住重点词句，联系上下文进行理解，体会雨来的"小英雄"本色。贴着人物心灵读好一些重点的描写（动作、语言、外貌等）。二是略读文章的一、五部分，体会这部分的环境描写对表现人物有什么作用。——一开始的环境描写，表现了芦花村的"美"，12岁的雨来就生活在这个美丽的村子里，在家人及村民的呵护下，快乐、幸福地成长；后来的环境描写，体现了芦花村的"悲"，因为村民都以为聪明勇敢的雨来死了，死得可惜，浓重的悲伤氛围笼罩着芦花村。一美一悲，相互映衬。这样既体现了雨来的可爱与可赞，又表现了村民对雨来的关爱与关心。

（3）回读，学习讲故事的技巧。

文章是讲小英雄雨来掩护革命干部的故事。为了讲好这个故事，作者动用了不少的技巧。一是情节发展线索清晰。前后情节因果联系比较明显。二是前后照应的地方比较多。三是对人物的描写比较准确、鲜明、生动。正因为前后情节、事件有密切的联系，所以教学时品读一些句子，应联系上下文。

我解读教材、进行教学设计有一个习惯，即一开始不看《教师教学用书》。因为一开始看教参，自己的思路难以从教参中跳出来。我独立解读设计之后，再和教参对照，一般没有太多的差别，甚至有不少创意要优于教参，高于教参。本课教学即是如此。我对教材的一些思考，教参上没有。本课教学设计好之后，我又看了教参以及课题上面的略读要求，一看没大差别。我引导学生注意学习作者是如何讲故事的，而教材上要求学生把这个故事讲给别人听，真是不谋而合，这是我没有想到的。

教例三：五年级下册《桥》。

1. 思想内容。

《桥》这篇小说写的是洪水来了，几乎包围了整个村庄，一百多号人都拥向村庄北面的一座木桥逃生。桥窄人多，极有可能桥塌人亡。这时，村党支部老书记挺身而出，他组织村民排成一队，群众在前，党员在后，陆续过桥。最后，村民们逐个都从木桥上逃生了，唯独老支书的儿子以及这位老支书，却被大水吞没了，永远地离开了乡亲们。小说表现了这位老支书心中有党，心中有民，大公无私，先人后己的高尚品质。

2. 语言表达。

小说是叙事文学。这篇小说就给我们讲述了那位老支书，在山洪暴发、将要淹没村庄之际，有序地组织村民陆续过桥，而他自己以及他的儿子，却被洪水冲走的故事。这个故事非常感人。作者是怎样把这个故事讲得这么感人的呢？

一是把洪水描写得十分恐怖。

作者运用了比喻、拟人等修辞手法描写洪水。请看下面的描写。

- 山洪咆哮着，像一群受惊的野马，从山谷里狂奔而来，势不可当。
- 近一米高的洪水已经在路面上跳舞了。
- 死亡在洪水的狞笑声中逼近。

作者把咆哮的洪水比喻成"一群受惊的野马"，把一米高的巨浪比喻成"人在路面上跳舞"，把洪水的肆虐比喻成魔鬼的"狞笑"。这样的描写确实让人胆战心惊。在这恐怖的环境下，老支书挺身而出，果敢坚决，他与洪水搏斗，组织村民转移。环境的描写对表现这位老支书起到很好的衬托作用。

二是把人物塑造得十分高大。

作者从神态、语言、行动三个方面，刻画了老支书像大山一样的形象。请看下面的描写。

神态："老汉清瘦的脸上淌着雨水"——可以看出这位老支书平时为老百姓工作就很辛苦，很劳累。当发现自己的儿子站在逃生群众队伍的前面时，他"凶得像只豹子"，"从队伍里揪出一个小伙子"——可以看出老支书大公无私之坚决，不徇私情之果敢。

语言：老汉沙哑地喊话："桥窄！排成一队，不要挤！党员排在后边！"老汉冷冷地说："可以退党，到我这儿报名。""你还算个党员吗？排到后面去！"老汉吼道："少废话，快走。"——从这些语言，我们分明可以看出一个一心想着群众，想着别人，把自己的生死置之度外的、光明磊落的党员干部光辉形象。

行动：在木桥前，老汉站在没腿深的水里，而一百多名群众依次从老汉身边奔上木桥；当发现自己的儿子站在逃生的群众队伍前边时，老汉突然冲上去，从队伍里把儿子揪了出来；洪水爬上了老汉的胸膛，人们都撤离，只剩下他和儿子，儿子让老汉先走，而老汉却用力把儿子推上木桥——从老汉这一系列的动作描写，也可以看出他一心为民、先人后己、正直无私的高风亮节。

作者对老支书的神态、语言、动作描写，都集中指向老支书的高尚精神，塑造了老支书的高大形象。作者不蔓不枝，凝笔聚墨，语言简洁，作用巨大。

三是把故事情节构思得十分精巧。

在组织群众转移的过程中，这位老支书把一个小伙子从队伍里揪出来，最后群众都离开了，只剩下他们俩了，而他们俩却又先后被洪水吞没了。老支书和小伙子的献身精神已经够感人的了。而到文章的末尾才知道，老汉揪出的那个小伙子，原来就是他的儿子。我们读到这里，对老汉大公无私的精神就更加仰慕了。老汉不仅把危险留给了自己，而且也留给了自己的家人，留给了自己的儿子。这样的老支书确实为党增添了光辉，获得了荣耀！

从以上分析可以看出，作者给我们讲述老汉舍己为人、大公无私的故事，着力于环境的描写、人物的刻画以及情节发展的巧妙构思，这三个方面的有机结合，塑造了这位可歌可泣的老汉形象。那么，作者是按照什么顺序讲述这个故事的呢？——从文章的描写可以看出，作者是以洪水的进退为故事发展的线索：洪水袭来，逼近村庄（1—6自然段）→洪水凶猛，老支书组织群众过桥逃生（7—22自然段）→洪水退去，悬念解开，洪水淹没的一老一小，原来是老支书和他的儿子（23—26自然段）。文章以洪水为线索，洪水为群众的大敌，大敌当前，老汉挺身而出，组织群众撤离，群众得救了，而老汉和他的儿子却被洪水冲走了。谁读了这个故事，都会为老汉的作为而感动，都会为老汉及其儿子的英勇献身而落泪！

这一课的语言表达，还有一点要提出：既然洪水是文章叙述的线索，文章也多处写了洪水，并且以洪水为衬托，突出表现了老汉，那么文章为何不以"洪水"为题，不以"老汉"为题，却以"桥"为题呢？——我的理解是：桥，在文章中虽然着墨不及洪水和老汉，但它却隐含深意。透过全文所写的内容，我们可以看出，这座桥，它是村民的生命桥，是老汉父子崇高精神的见证桥，老汉本身也是群众从死亡走向新生的一座桥。所以，村民们都拥戴他。从这里我们可以看出作者命题之匠心。

纵观全文，我们发现这篇小说篇幅很短，但主题深刻，很有特色，耐人寻味。文中所写的环境之险恶、构思之巧妙、人物形象之鲜明，都很好地表达了小说的主题——歌颂了党的坚强领导，歌颂党员干部的光辉形象。我们从课文的学习中，不仅能体会到党的伟大，更加热爱党，而且还能学到许多"语文"的东西——命题、构思、环境描写、人物塑造以及遣词造句之精准、生动等。

3. 教学设计。

（1）初读课文，整体感知。

初读阶段，应让学生完成以下任务：①识字、学词。②正确、通畅、熟练地朗读课文。③小说讲了一个什么故事？你对这位老支书留下了什么印象？④小说是按什么线索发展下去的？

（2）再读课文，体会表达。

作者是如何塑造老汉这个光明磊落、大公无私的高大形象的？——引导学生从四个方面，扣住语言，理解品味，体会文章表达的艺术。①环境描写之险恶。②人物刻画之高大。③情节构思之精巧。④作者命题之匠心。

（3）回归整体，朗读全文。

这个环节完成两项任务：一是回顾全文，看看作者是如何给我们讲述老汉果敢坚决、大公无私的故事的。——环境描写之烘托、人物形象之塑造、情节构思之精巧。我们应该学习作者叙事的方法，运用于口语表达和作文之中。二是老支书的光辉形象，不仅留在我们的脑海中，而且还要通过声情并茂的朗读，把他的光辉形象再现出来，有感情地朗读全文。

（4）学习表达，迁移运用。

本课的环境描写非常典型。修辞手法的运用，把环境之险恶表现得淋漓尽致，对表现人物起到了很好的作用。我们写一篇作文，或一个片段，要注意环境生动形象的描写，发挥好它对表现人物、事件的作用。下面题目任选一个，进行写作。

①上学路上（迟到了，心里非常着急——刮风、下雨，或太阳暴晒、天气炎热等。）

②走夜路（本来就胆小，怕走夜路——地上、天上的恐怖景象。）

③放学路上（考试考得很好，心情特别高兴——描写放学路上的环境，如小草、小树、小狗、天上的云、地上的风等；也可以描写考试没考好，心情不好时的环境。）

小说教学，我们不能仅仅让学生了解了故事情节，知道了发展线索、理解了人物形象，体会了主题思想，小说教学的关键，主要是让学生通过品味它的表达，体会作者是如何把这个故事讲得那么感人的，体会作者是如何讲故事的。也就是品味作者在文中的一系列的表达方法，即环境描写、人物形象塑造以及情节发展。这几个方面，我们必须引导学生用一条线把它们串起来——都是围绕故事的生动、惊险、感人而铺展开的。小说教学，我们不只是让学生明白作者"说了什么"，更主要是体会作者"如何向我们说的"。这是小说教学的关键。

说明文教学
——学习作者是怎样"劝说"的

一、说明文教学研究

（一）说明文与说明性文章。

《语文课程标准（2011年版）》（以下简称《课标》）在第三学段的阅读"学段目标与内容"中，提出了阅读叙事性作品、阅读诗歌、阅读说明性文章以及阅读非连接性文本的要求。《课标》指出："阅读说明性文章，能抓住要点，了解文章的基本说明方法。"由此可知，教材中的说明性文章，主要是说明文。因为只有说明文，才会有"抓住要点，了解基本说明方法"的要求。

（二）说明文与实用性文章。

我们再来看温儒敏、巢宗祺主编的《〈语文课程标准（2011年版）〉解读》（以下简称《课标解读》）。《课标解读》把阅读教学分为两类：一类是实用性阅读，一类是文学阅读。在实用性阅读教学中，专家们提出的阅读范围有：一是说明性文章。在这类文章中，专家们也只谈了说明文，包括说明的顺序、说明的要点、说明的方法以及词句的运用。二是其他实用性文章的阅读教学，谈了初中阶段简单的议论文、科技作品，还谈了初中、小学阶段的非连续文本的阅读。

总之，现行人教版小学语文课标实验教科书中，说明文是说明性文章的主体，而说明性文章又是实用性文章的主体。小学实用性文章中，还有极少量的"非连续性文本"。所以，在小学语文实用性文章的阅读教学中，我们应该重点抓好说明文。

(三) 说明文教学教什么？

说明文教学，应如《课标解读》上所说，要教说明的顺序，说明的要点、说明的方法以及词句的运用。从教学实际来看，许多老师教说明文，主要关注了说明的要点及说明的方法，且以说明的要点教学为主。对于说明的顺序、词句的运用以及说明文的结构，不太予以关注。这样的说明文教学，就很少有"语文"的味道。所以，一些老师认为，说明文没有什么教头，教学内容就是那些，浅显易懂，明白如话，教得没意思。老师们教说明文，之所以教得没意思，是因为对说明文教学的特征，还没有真正领会。

我认为，说明文教学，应重点引导学生学习作者是如何"劝说"的。说明文是劝说体。作者向别人说明一件东西，就是劝说别人接受自己所介绍的这件东西，让人相信这件东西的特点、性能、功用等。正因为说明文讲究"劝说"，所以说明文的写作，要十分讲究科学。劝说别人接受自己所介绍的东西，必须是科学的。作者让别人接受自己的劝说，相信你的说明，你必须有事实作依据。别人只有接受你劝说科学的东西，才有用，才能推进工作，促进生产，改善生活。

我们收看电视广告，是在听从广告者的劝说，让我们相信他的广告，理解他们的产品，喜爱他们的产品。我们看电视节目《动物世界》，听赵忠祥老师解说，实际上也是在听从赵老师的劝说。赵老师以亲切、舒缓的口吻，向我们促膝谈心似地介绍动物，解说动物。我们听了赵老师的介绍，听了赵老师的解说，对动物有了了解，理解动物，热爱动物，并产生保护动物，与动物和谐相处的想法。听众有了这些收获，表明赵老师的劝说是成功的。我们阅读产品说明书，也是接受商家的劝说。所以，我们阅读一篇说明文，就是在接受作者的劝说，让我们相信作者所介绍事物的特点、性能等。

说明文教学，重点应该是引导学生学习作者是怎样"劝说"的。具体来说，我们应该学习这种"劝说体"的什么呢？一是把握事物特征，领悟作者劝说的思想、意图，所想实现的目的；二是理清说明顺序，掌握结构特色；三是研究说明方法，学习写作技巧；四是体会语言特点，增强表达能力。总之，说明文用词准确，语言简练，思路清晰，结构精巧，方法多样。还有一些说明文，情感味比较浓，行文生动有趣。以上这些，都是值得我们学习的。

（四）说明文教学怎么教？

1. 初读，整体感知说明内容。

初读阶段，要整体感知说明内容——了解说明了什么事物，这种事物有哪些特点，学生对它留下什么总体印象。在大体把握内容的基础上，还要理清顺序，弄清结构，对文章有一个整体的把握。

2. 再读，体会作者说明方法。

通过品读语言，体会作者是如何说明事物特点的——运用什么说明方法，体会作者的说明风格，以作者劝说的语气，把课文读好，劝说别人。读后让大家评一评，是不是能接受他的劝说，劝说的效果如何。能把说明文像劝说一样读好，这很重要，不是一件容易的事，教师要加强指导。

3. 回读，学习作者劝说的本领。

学习作者劝说的本领——从劝说了什么、怎么劝说的进行回忆、总结，让学生获得作者在这篇文章中，对我们劝说的内容、目的、方法、技巧、情感、风格等，从中学到劝说的本领。

二、说明文教学教例

教例一：五年级上册《新型玻璃》。

1. 思想内容。

文章紧扣题目"新型"一词，向读者介绍了五种新型玻璃以及它们的特点、作用。

　　夹丝网防盗玻璃——这是一种特殊的玻璃，里面有一层极细的金属丝网。金属丝网接通电源，跟自动报警器相连。犯罪嫌疑人划破玻璃，碰着了金属丝网，警报就响起来了。夹丝玻璃——它非常坚硬，受到猛击安然无恙，即使玻璃打碎了，碎片仍然藕断丝连地粘在一起，不会伤人。变色玻璃——能够对阳光起反射作用。建筑物装上这种玻璃，从室内看外面很清楚，从外面看室内却什么也瞧不见。变色玻璃会随着阳光的强弱改变颜色的深浅，调节室内的光线。吸热玻璃——夏天能挡住阳光，使室内比室外凉爽；冬天能把冷空气挡在室外，使室内保持温暖。吃音玻璃——它能消除室外噪音，临街的窗子装上它，街上的声音为40分贝，传到房间的就只剩下12分贝了。

　　以上五种新型玻璃，有的能防盗贼，有的不怕击打，有的能变色，有的能吸热，有的能吃音。这些新型玻璃在现代化的生活和建筑中，正在起着重要作用。随着科学的发展，在新型玻璃的研制中，人们将会创造更多的奇迹。

　　2. 语言表达。

　　（1）条理清楚，层次分明。

　　从全文来看，六个自然段，前五个自然段介绍五种新型玻璃，最后一个自然段，作了总结与提升，既概括了以上五种新型玻璃在现代化建设中起着重要的作用，又指出今后人们还会研制出更多的新型玻璃。这是一种从具体到概括的构篇方式。

　　从局部看，前五个自然段，每一段介绍一种新型玻璃，介绍每种玻璃时，都是先讲特点，再讲用途。另外，五个自然段还注意段与段之间的衔接过渡，且富于变化。如第二自然段用"另一种夹丝玻璃不是用来防盗的"这句话转折，起到承上启下的作用。第三自然段的开头一句"还有一种'新型玻璃'，能够对阳光起反射作用"，既连接了上文，又直接进入下一种玻璃的介绍，清楚明白。第四自然段第一句话"你可能会想，窗子上的玻璃要是能使房间冬暖夏凉，那该多好"过渡非常自然，令人感到亲切。第五自然段的开头则以形象的比喻引起读者的注意,激起读者阅读的欲望。

(2)用词准确,生动形象。

一是题目非常切合内容。从课文介绍的五种新型玻璃的性能、功用,再联系现实生活来看,它们的确都算得上"新型"的了。二是从每种新型玻璃的具体介绍,它们的名字都与介绍的内容十分吻合,也就是说,给每种新型玻璃所命的名字,是非常恰当的。三是文中还有许多的用词非常准确,描写生动。比如,"安然无恙、冬暖夏凉、来无踪去无影、难以对付、制服"等词语的运用,就非常的精当。再比如第一自然段的一开头,从夜深人静、警铃骤响讲起,引人入胜地讲述了夹丝网防盗玻璃的特点——可以自动报警,为下文介绍这种玻璃的作用埋下了伏笔。第一自然段还有排比句"……可以……可以……可以……也可以……",形象地把这种玻璃的防盗作用介绍得淋漓尽致。第二自然段,把"夹丝玻璃"打碎了仍粘在一块儿,用"藕断丝连"一词,非常生动,让人容易理解。第五自然段把噪音比喻成"隐身人",把"吃音玻璃"拟人化,说它是"消除噪音的能手"等,这些都非常的形象有趣,使文章显得生动活泼。

3. 教学设计。

(1)初读课文,识字、学词,看看课文写了几种新型玻璃,每种新型玻璃有何特点和作用,填写下表。

序号	种类	特点	用途
1	夹丝网防盗玻璃	自动报警	防盗
2	夹丝玻璃	非常坚硬,不易破碎	适于高层建筑
3	变色玻璃	随着阳光的强弱而改变颜色	能调节室内光线,起"自动窗帘"的作用
4	吸热玻璃	吸热	阻挡冷空气,使室内冬暖夏凉
5	吃音玻璃	消除噪音	使噪音强度变弱

(2) 课文介绍新型玻璃采用了哪些方法?

①条理清晰,结构完美。

课文6个自然段,前5个自然段分别介绍五种新型玻璃;第6自然段总结全文,并对未来有美好的预言。

前5个自然段,每个自然段之间的衔接也很自然,富有变化。文章上下一贯,一气呵成,形成一个有机的整体。这篇说明文,文章不长,但内容丰富,短小精悍,结构精美。

②用词准确,生动有趣。

第一自然段,引人入胜的开头,让我们对防盗玻璃非常的羡慕。最后一句的排比,淋漓尽致地彰显了这种新型玻璃广泛的用途。如果不用排比,不分开说,而是合成一句话:"这种玻璃叫'夹丝网防盗玻璃',博物馆、银行、珠宝店,以及有放重要图纸、文件的建筑物都可以采用",这种表述,就不显得它用途那么广泛了,说服力也没那么强了。

第二自然段:"安然无恙"、"藕断丝连"词语的运用,生动、形象地说明了夹丝玻璃的坚硬。

第五自然段:比喻句、拟人句的运用,又很形象地说明了噪音虽然"神出鬼没",但一遇到吃音玻璃也会被"吃掉"。

文中运用这些生动、形象的说明,显得那么有趣,读者也会对新型玻璃有了生动形象的理解,有了清楚的认识与喜爱。

③形象朗读,实现"劝说"。

把这篇生动有趣的课文朗读下来——像讲解员一样,读得自然、生动、形象,读出它的有趣,充分地发挥文章的劝说功能,实现作者的劝说目的。

(3) 回归整体,看看作者是如何劝说读者的?

作者为了让读者易于接受新型玻璃,让读者理解它们,喜欢它们,表述时,可谓煞费苦心。作者在文章中,有清晰的思路、自然的衔接、结构的精致、生动的词句、亲切的态度。最后一个自然段,总结了全文,展望了未来,指出了研制新型玻璃的美好前景,鼓舞人心,催人奋进,给人力量！从更高的层面看，作者不仅劝说人们认识、理解新型玻璃，相信它们的特点、用途，而且言外之意，也是在劝说人们相信科学，懂得科学的神奇，科学的明天更美好。孩子们读了这篇文章能更加勤奋学习，将来为科学的明天贡献力量，创造出更多的奇迹。

（4）迁移运用，让学生学习作者劝说的方法，写一至三种新型玻璃。——如果你是发明家，你还会发明哪些新型玻璃呢？一是命好名字；二是考虑好它有何特点，有何作用；三是学习本课劝说方法，想好如何生动、有趣地向别人介绍，对别人劝说。

提示几种新型玻璃：

①护眼玻璃。戴上装有这种玻璃的眼镜，看电视、看电脑、看手机，不论看多长时间，眼睛都不会受到电子辐射的伤害，不会头晕。

②助视玻璃。远视眼、近视眼戴上装有这种玻璃的眼镜，看东西都能看清楚，不必换眼镜了。

③降温玻璃。用降温玻璃制造的茶杯，盛滚烫的开水，很快就不烫了，能喝了。

④保暖玻璃。学习桌上装上这种玻璃，冬天摸上去热乎乎的，让人安心学习。

我教这篇说明文，有几点体会：第一，注意引导学生从表达的角度品析新型玻璃的特点及作用，注意说明文的"语用"教学。第二，注意引导学生体会作者是怎样向别人劝说的，并且进行迁移运用。从认识语言形式，到迁移运用，这样有利于提高学生的语文能力。第三，让学生写几种研制发明的新型玻璃，不仅学习了作者劝说的立场，劝说的方法，而且在写作的过程中，还能"以写促学"，催促自己勤奋学习，丰富知识，增加智慧，将来为科学的发明创造贡献力量！

教例二：四年级下册《黄河是怎样变化的》。

1. 思想内容。

文章向我们介绍了黄河的变化。黄河是我们中华民族的摇篮，可是一查资料，发现近2000年来，这个"摇篮"做了不少坏事——决口1500多次，改道26次，给两岸人民带来了深重的灾难。那么，黄河是怎样由"好"变"坏"的呢？原来是黄河里的泥沙在不断的增加。每年从中上游带到下游的泥沙总重量达16亿吨。其中12亿吨被搬到了大海，4亿吨则沉积在下游河道中。问题就出在这4亿吨泥沙上。它使黄河的河床逐年升高，结果有的河段高出农田3—4米，有的甚至高了10米以上，使黄河成了悬河。每到洪水季节，黄河这些地段的堤坝很容易决口，造成可怕的大水灾。

那么，为什么黄河中上游每年能有那么多的泥沙被带到下游呢？原因又有两个方面，一是自然原因。"自秦朝以后，黄土高原气温转寒，暴雨集中，加上黄土本身结构松散，很容易侵蚀而崩塌，助长了水土流失，使大量泥沙进入黄河。"二是人为因素。黄河两岸，人口剧增，"无限制地开垦放牧，使森林毁灭，草原破坏，绿色的植被遭到严重破坏，黄土高原失去了天然的保护层，引起严重的水土流失"。

要想把黄河治理好，必须管住泥沙，不让它随心所欲地流进黄河。而要想管住泥沙，必须管住人，坚持牧林为主的经营方向，保护好森林资源，恢复植被。教育人们大量植树，扩大造林，合理规划利用土地，兴修水利工程。数管齐下，一定能防止水土流失，把黄河治理好。

总之，通篇文章，作者介绍了黄河是怎样变化的。它由"好"变"坏"的罪魁祸首是泥沙，而泥沙下流的主要原因还是人类对大自然的破坏。作者的思想是，让黄河两岸的人们都行动起来，多栽树，多种草，增加植被，控制泥沙，保护黄河，守护好我们的母亲河！

2. 语言表达。

(1) 说明的顺序。

黄河从"摇篮"变成了"祸河"，这是为什么呢？（1—2自然段）→黄河是怎样由"好"变"坏"的（3—6自然段）→怎样才能让黄河再变"好"？（第7自然段）。通篇文章，条理清晰，结构合理。

(2) 说明的方法。

一是列数字。比如，文中"近2000年来"，"决口1500多次"，"改道26次"，"68倍"，"16亿吨"，"12亿吨"，"4亿吨"，"550万亩"等，这些统计数字，能准确、具体地说明黄河变化的情况，增加了科普说明文的科学性。二是拟人手法。这种手法在本文中用得比较多。比如，"表现"、"祸河"、"凶猛暴烈"、"折腾"、"管住"、"随心所欲"等，这些本来是写人的词语用来写河，显得非常生动、有趣，增加了文章的可读性。三是举例子。为了说明黄河变化的原因，文中举了不少的例子，有下游泥沙增多的例子，植被破坏的例子等。列数字、作比拟、举例子方法的运用，使本来枯燥无趣的科普知识说明文变得通俗易懂，生动有趣，让孩子们喜欢阅读。当然，文中还有一些比喻的句子。

(3) 词句的优美。

请看下面的描写：

"这样一条多灾多难的祸河"；

"可与今日的江淮流域媲美"；

"黄河流域气候温和，森林茂密，土地肥沃"；

"它开始凶猛暴烈起来，折腾得两岸百姓叫苦不迭。黄河成了中华民族的忧患"；

"使黄河成了悬河"；

"关键是要把泥沙管住，不能让它随心所欲地流进黄河"。

当然，文中还有大量四字词语的运用，使文章增色了许多。——气候温暖、森林茂密、土地肥沃、生息繁衍、叫苦不迭、气温转寒、暴雨集中、结构松散、水土流失、草原破坏、越垦越穷、越穷越垦、不折不扣、自杀行为等，这些朗朗上口的好词，应该让学生多读几遍，注意运用，积累下来。

3. 教学设计。

(1) 初读，让学生明白黄河发生了怎样的变化，变化的原因是什么，怎样才能让黄河变好。

下面优美的词语，让学生读一读，记一记，并据此说一说课文的主要内容。

①摇篮、决口、改道、祸河。

②气候温和、森林茂密、土地肥沃、生息繁衍、凶猛暴烈、叫苦不迭、气温转寒、暴雨集中、结构松散、水土流失、森林毁灭、草原破坏。

③管住泥沙、随心所欲、不折不扣、黄河变好。

同时在这个环节中，还要引导学生理清文章说明的顺序，弄清文章的思路，从结构上把握文章内容。

(2) 再读，让学生弄懂课文是怎样向我们介绍黄河变化的。

在这个环节中，让学生了解本文的一些说明方法，如列数字、拟人、举例，当然还有打比方等。学生体会这些说明方法的生动、有趣之处，体会对说明科学知识能起到什么作用。另外，在这个过程中，还要让学生把课文读好，读出文章"生动有趣"的表达。

(3) 回读，反思全文，体会作者是如何向我们劝说的。

作者为了让我们接受劝说的道理，尤其是让黄河两岸的人们接受劝说的道理，能够觉醒起来，行动起来，在说明的过程中，条理清晰，方法多样，摆事实、讲道理，生动形象，幽默风趣。这是一种高超的劝说艺术，值得我们学习、借鉴。

(4) 迁移运用。

学习作者劝说的方法，以《这里的＿＿＿是怎样变化的》（小河、池塘、树林、青山、花园等）为题，写一篇说明文。写之前，要去实地考察，访问群众，用事实说话，生动说话，把话说好，让人信服。

如果说本课教学有亮点的话，那么下边几点是我的匠心之处。一是在初读课文的环节，让学生通过熟记优美词语，概说课文大意，一箭双雕。学生既把握了文章的主要内容，又积累了美好的词语。二是引导学生深入领会作者劝说的观点，从保护黄河，到保护环境，保护好我们这个地球家园。主题思想的丰富与深化，对学生是一个良好的人文教育。三是引导学生从表达的角度品读文章，体会说明的方法、技巧。四是回归全文，概括作者劝说的立场、方法、态度，并迁移运用，进行语文实践。

这虽然是一篇略读课文，但教师能注意挖掘教材的教学价值，灵活施教，丰富教学，学生略读，反而多得。这对学习略读课文，也是一个借鉴。总之，本课教学对说明文的教学、略读课文的教学，都作了卓有成效的探索。

诗歌教学
——以"密咏恬吟"探其"深远之韵"

一、小学诗歌教学研究

（一）诗歌教学的问题。

一提到诗歌，老师们都能说出它的以下特点：一是高度集中而概括地反映社会生活；二是用形象思维，有较强的形象性；三是想象丰富，感情炽烈；四是它的语言凝练，且富有音乐性。因为诗歌靠想象，有形象，有情感，这几种元素结合在一块儿，便构成了诗歌的意境。诗歌的主题蕴含在诗歌的意境之中。从诗歌的这些特点，老师们也都知道该如何教诗歌，如诗歌教学，在学生读懂词句、把握诗意的基础上，要展开想象，去追寻诗歌的意境，体会诗歌的情感，从而受到作品的感染和激励，向往追求美好的理想。阅读诗歌最主要的方式是朗读、诵读、想象、悟情。总之，诗歌的阅读，应该按照这样的路子走：理解诗意→想象情境→体会情感→向往理想。

以上这些诗歌教学的知识、经验，老师们一般都能说出一二来。问题是，说得容易做起难。从实际听课来看，教师们教诗歌，一般只是停留在让学生读懂词句，大体把握诗意这个层面，至于真正进入诗歌描写的意境，真正体会出诗人的情感，从中受到感染和教育，能做到的老师，还是少之又少。这从学生课堂学习的情绪可以看出。诗歌是情感较强的一种文学体裁。按说，孩子们学习诗歌，应该被意境所吸引，被诗情所打动，被诗人所鼓舞，两眼发光，小脸通红，神采飞扬，生成不断。可是，这样的高峰体验，几乎成了孩子们的一种奢求，仅仅是一种向往而已。

一位五年级老师教《最后一分钟》。这是一首充满激情的诗。作者倾诉了1997年7月1日，香港回归祖国怀抱最后一分钟这一具有历史意义的特殊时刻的思绪，是异常的激动。作者有泪水，有喜悦，说话时嘴唇在"微微颤抖"，"在泪水中一遍又一遍呼喊着'香港'的名字"，见到亲人就"紧紧拉住你的手"。我们可以想象一下，当时是一种多么动人心迫的场景。课堂上，老师们若能把学生教得哭，教得笑，教得情不自禁地去拉手，去拥抱，那才算是真正走进了诗歌的意境，达到了教学的高峰。可是，到目前为止，我听许多老师教这一课，还没发现有谁能达到这样的教学境界。

一位六年级老师教《有的人——纪念鲁迅有感》。这同样是一首感情强烈的诗。鲁迅先生为人民吃的是草，挤的是奶，一生"为自己想得少，为别人想得多"。鲁迅先生"已经死了"，但"他还活着"，活在人民的心中，"人民永远记住他"。可是那些反动派却和鲁迅先生相反。这些人活着的时候，"骑在人民的头上"，还说"啊，我多伟大！""他活着别人就不能活"，因此"人民把他摔垮"。作者认为，这样的人"活着"，可是"已经死了"，因为他们的名字"比尸首烂得更早"。学生学过了这首诗，应该对鲁迅产生深刻的爱，而对那些坏人反动派却有切齿的恨。学生应该能声情并茂、爱恨分明地把课文诵读下来。可是从听课来看，能教到这个份儿上的老师，也是少之又少。

老师们的诗歌教学，之所以激发不出学生的情，打动不了学生的心，其根本的原因：一是教师课前对文本缺少激情的读，没有从诗中寻到动人的"境"。教师本人没有被诗歌所打动，情感没有被激发，教学投入不够。二是教师也缺乏相应的教学方法。比如，教师缺乏充满激情的引领，声情并茂的范读，美好情境的创设，合宜手段的运用等。总之，一个是缺乏文本解读的功力，一个是缺乏语文教学的技能。这两个方面的因素，造成了教师的诗歌教学缺情少境，枯燥乏味，效果大打折扣。

（二）问题的解决。

诗歌教学主要追求的是"意境"，寻到了意境，才能体会到情感。而追寻意境的主要方法是读，尤其是诵读。诵读，是我国语文教育优秀传统中一种有益于积累、有效提高语文能力的好方法。诵读是反复吟读，自然成诵，尤其适宜于抒情诗文、文言文等声情并茂的作品。诵读比朗读更有助于从作品的声律气韵入手，体会其丰富的内涵和情感，又不像朗诵具有表演性，这一方法有助于积累素材，培养语感，体验品味，达到语文熏陶感染、潜移默化的目的。曾国藩曾说："非高声朗读则不能展其雄伟之概，非密咏恬吟则不能探其深远之韵。"诵读与朗读各有其长，"密咏恬吟"其实就是诵读，运用这种方法，确实有利于学生沉潜含玩，悉心体察诗文深远的内在韵味。诵读，是诗歌教学最主要的方法。可是，从我们的课堂教学来看，把诵读作为诗歌教学主要方法的老师还不多见。老师们教诗歌，最常用的只是朗读，还没有达到诵读这个层次。正因为没有诵读的参与，所以学生难以进入诗歌描写的意境之中，难以体会出诗人的感情，也难以得到高峰的体验，当然也无从拥有美好的享受。

诵读，是诗歌教学最主要的方法，除此之外，老师们的诗歌教学，还要注意以下几点。一是因为诗歌的语言比较精练，所以教师要注意引导学生从诗歌精练的语言中体会其丰富的含义和炽烈的情感。二是因为诗歌内容具有较大的跳跃，较多的省略，所以分析理解诗歌，要对跳跃的内容作适当的补充，使上下的诗句有内在的衔接。学生之所以难以理解诗歌，正是因为教师没有把其中"跳跃的内容"、"省略的字词"进行适当的补充。三是因为诗歌的中心思想蕴含在诗的画面和意境中，学生只有通过感受诗的画面意境，才能准确地把握诗歌的中心思想。因此，要激发学生的想象力，把学生带入诗的意境去体会"诗味"。想象与诵读是相辅相依的。想象是诗歌教学的又一主要方法。诵读中有想象，想象中有诵读。四是教学古诗，凡为理解诗歌内容所必需的时代背景和作者生平，应该让学生有一个大概的了解。诗歌的背景资料，可以在教学伊始作一简单介绍，而更主要的是在引导学生理解体会诗歌内容情感的过程中，作相机的介绍，这样会收到更为理想的教学效果。五是学习诗歌，除了朗读、诵读、想象、背诵之外，还可以引导学生对诗歌进行改写，把诗歌改写成记叙文。改写的介入，既可以加深对诗歌内容的理解，也是读写结合的有效训练方法。

诗歌教学，要注意以上五点，注重诵读，加强想象，沿着"朗读→诵读→入境→悟情→背诵"这样的路子走。其中，教师要特别强化两个环节的指导。

一是诵读方法的指导。诵读之法，既很重要，又不易实施。教师必须注意激发学生的诵读兴趣，调动学生诵读的积极性。教师示范、传播经验、学生练习、悉心指导、欣赏鼓励等，都是培养学生诵读能力行之有效的方法。

二是背诵方法的指导。背诵不只是让学生记忆、积累语言，背诵的目的，应定位于加深对诗的体会，传达出诗的意蕴，给自己、给别人以美的享受。肤浅的理解、敷衍的态度，即使背得滚瓜烂熟，也不能达到背诵的目的。在背诵的过程中，不应该停留在文字、诗句上，而要像全国著名播音专家张颂先生所说的那样："应力求做到：全诗熟稔于胸，全身都深浸于诗的意境之中，诗句在心中跃动，几欲脱口而出。"朗读要形于色，背诵更要形于色，眼睛要传神，传神包含着热情和活跃。全身也不可木然不动，应辅以准确、适当的手势。

二、小学诗歌教学教例

教例一：一年级上册《四季》。

这是一首充满童趣的儿童诗。全诗4节，每节3行，共12行。前三节，每节13个字，第四节17个字，整首诗56字。诗歌简短，现抄录如下。

四　季
　草芽尖尖，
　　他对小鸟说：
　"我是春天。"

　荷叶园园，
　　他对青蛙说：
　"我是夏天。"

　谷穗弯弯，
　　他鞠着躬说：
　"我是秋天。"

　雪人大肚子一挺，
　　他顽皮地说：
　"我就是冬天。"

　　这首小诗，把春、夏、秋、冬这四个分属于不同时段的季节，来一次聚会，拍一张"合影"，呈现在小朋友面前。学生读了这首小诗，不仅知道了每个季节的代表性事物，而且还能引起联想，唤起对生活的感受，产生对自然的热爱。

　　春、夏、秋、冬，一年四季，不仅与人们的物质生活息息相关，而且与人们的精神生活也息息相关。不是吗？当我们工作了一个星期，走出家门，走向自然，看到带有季节标志性的事物，如青苗、碧草、红花、翠树等，心情一下子好了许多，烦闷远去了，疲劳消减了，精神愉悦了。《四季》这首小诗也是如此，作者用拟人化的手法，把每个季节带有鲜明特征的事物呈现在小朋友前面，让孩子们读，让孩子们背。孩子们读了背了以后，不仅了解了几种具有季节特征的事物，而且还能产生联想，唤起回忆，让学生从小就对四季有了朋友般的、鲜明的感性认识，从小就对大自然留下美好的印象。

学生们都很喜欢朗读这首小诗，不仅是因为小诗描写的事物让学生喜欢，如小草、小鸟、荷叶、青蛙、雪人等，更因为诗歌生动有趣的表现形式，如重叠的形容词，拟人化的手法，排比的形式，音节的押韵等，使语言亲切、生动，读来朗朗上口，能唤起学生对生活的感受。另外，四幅插图色彩明丽，栩栩如生，便于学生观察想象，入境生情。

这首小诗的教学，最关键的地方，是如何让学生读了诗歌，能唤起对四季美好的回忆，想象美好的景象，激发对四季朋友般的喜爱之情。要实现这个教学目标，必须考虑以下四点。

第一，把握学情，扎实地做好初读工作。

《四季》这首小诗是一年级上册第5课，是一年级的小朋友学过了汉语拼音之后学习的第二篇课文，也是第二首诗歌（第一课是《画》，谜语诗）。课文是全文注音。因此，学生学习这首诗歌，也是对汉语拼音的一次复习与运用。教学一开始，教师要让学生把诗歌读正确，读通顺，尤其关注汉语拼音没学扎实的一些同学，应"一个都不少"地让学生读好课文。边读诗歌，边看插图，认识诗中描写的事物，理解诗歌蕴含的思想。

第二，朗读想象，让学生走进课文描写的情境。

让学生引发想象，走进情境，最主要的方法是通过朗读，体会到作者所说的那些事物的情感和神态。草芽破土而出，嫩嫩的，尖尖的，这是春天的典型事物，是春天的化身，因此他对小鸟说话时的心情是十分得意的、高兴的。圆圆的荷叶，又是夏天事物的典型代表。而弯弯的谷穗，不仅代表了秋的丰收，而且也体现了谷穗的谦逊、感恩的品质，这从他的外形与内质都可以体会到。正因为雪人有个大肚子，很顽皮，所以他才会顽皮地说，自豪地说。引导学生朗读每一节，都应该让学生看图，同时想象这种事物说话时的心情、神态，这样的朗读，学生一定会走进诗歌描写的四季美好的意境之中。

第三，熟读成诵，让学生全身心沉浸于诗的意境之中。

在学生熟练、有感情朗读的基础上，让学生再入境生情地背诵这首诗。因为这首诗不论是描写的事物，还是诗歌的形式，都是切合儿童的心理特点的，学生都很喜欢，因此学生乐于读，也乐于背。值得注意的是，学生对诗歌的背诵，不是单纯地把这首诗记下来，而是进一步想象画意诗情，沉浸于诗歌意境之中，深层次体会诗人描写的情感。

第四，依照课文，让学生体会作诗的快乐。

(1) 作一句：柳芽嫩嫩，他对柳树说："＿＿＿＿＿＿。"

知了嚷嚷，他对太阳说："＿＿＿＿＿＿。"

树叶黄黄，他对风儿说："＿＿＿＿＿＿。"

雪花飘飘，他张开笑脸说："＿＿＿＿＿＿。"

(2) 作两句：鲜花艳艳，＿＿＿＿＿＿："＿＿＿＿＿＿。"

河水满满，＿＿＿＿＿＿："＿＿＿＿＿＿。"

高粱红红，＿＿＿＿＿＿："＿＿＿＿＿＿。"

冰花闪闪，＿＿＿＿＿＿："＿＿＿＿＿＿。"

这首诗的教学，教师引导学生朗读想象，走进诗歌描写的意境，熟读成诵，全身心地沉浸于诗的意境之中。最后一个环节，让学生仿诗作诗，当一回诗人，体会读诗、作诗的乐趣。

教例二：三年级下册《咏柳》。

咏 柳

【唐】贺知章

碧玉妆成一树高，

万条垂下绿丝绦。

不知细叶谁裁出，

二月春风似剪刀。

这是一首歌咏初春垂柳的诗。作者眼前的这棵高高的柳树，像碧玉装扮的一样，它那低垂披拂的柳枝，犹如千万条绿色的丝带。细密嫩绿的柳叶是谁裁剪而成的呢？哦，原来就是那二月春风啊！作者笔下的这棵春柳，通体碧绿，枝条下垂，绿枝围着树干，细叶青翠耀眼。作者笔下的这棵春柳，像一位美女穿着青裙，亭亭玉立，随风而动。作者笔下的这棵春柳，让人联想到春回大地、万物复苏的美好景象，让人产生春天到来的无比喜悦。

这首小诗，以碧玉比喻柳树，以剪刀比喻春风。自问自答的形式，由总到分的层次，富于变化的手法，给我们描绘了柳树、柳条、柳叶。它们的鲜明特征是"碧"，是"绿"，是绿意葱茏，生机勃勃。从咏柳到咏春，给人惊喜，给人信心，给人向往，给人力量。

这首诗的教学，在学生理解字词，读懂诗句，把握诗意的基础上，要创设情境，引导学生展开想象，想象春柳的绿，想象垂柳的美、想象春回大地、万物复苏、生机盎然的美丽气象。——假如你是诗人贺知章，早春二月的一个星期天，你走出家门，来到村外，到了小河边。小河两岸，垂柳成排。当你看到碧玉装扮的柳树，万条垂下的绿枝，你会想象到什么呢？它不正像一位穿着绿色衣裙，亭亭玉立的美女吗？嫩绿的细叶，由二月的春风裁剪而成，整齐鲜亮，那么二月的春风，还会裁剪什么呢？让我们带着对绿柳的喜爱，对春天的渴望，深情地朗诵这首诗，边读边想象绿柳的美，体会作者咏柳的情。

学生背诵的时候，也要边背诵边想象，进一步体会绿柳之诱人，春风之暖人，春意之醉人。

小学古诗教学，看似简单，实则不易。说它不易，主要表现在：教学结束了，学生能读了，会背了，但读不出情味，背不出韵味。为什么？一个根本的原因，是教师不能把学生带入诗歌描写的意境之中，学生不能深入体会作者在诗歌中蕴含的情感。本诗教学，我创设了一个"当一回诗人"的情境，让学生通过想象去看景，去联想，去体会，去诵读，最终受到感染，向往春天。诗歌教学，教师只要让学生多诵读，多想象，多体会，物我合一，情景相生，学生的心灵一定能飞抵诗歌的意境之中，学生的情感一定会被作者的情感所打动，诗歌教学的最终目的一定能实现。

教例三：五年级上册《泊船瓜洲》。

泊船瓜洲

【宋】王安石

京口瓜洲一水间，

钟山只隔数重山。

春风又绿江南岸，

明月何时照我还。

这是一首怀乡念友的诗。作者王安石，在诗中怀的什么乡，念的什么友，又抒的什么情呢？

先了解一下王安石写作这首诗的背景。我们知道，北宋在历史上由于外患内忧，向来有"弱宋"之称。宋神宗时期，作为副宰相的王安石大力进行变法。但由于变法触犯了大地主、大官僚的利益，遭到他们的强烈反对。其间，王安石两度被起用，又两度被罢相，最后闲居江宁（今江苏南京），不久忧愤成疾而死。王安石的父亲曾在江宁做过通判，作者青少年时代也是在他父亲身边度过的，他第一次罢相后还担任过江宁太守，因此作者视江宁为第二故乡，对江宁有着深厚的感情。

这首诗作于诗人第二次拜相的神宗熙宁八年（1075）二月。当时诗人由江宁（今江苏南京）奉诏进京（今河南开封）任上。他从江宁，先是坐船顺江东下至京口（今江苏镇江），与好友玉觉和尚会面，第二天才横渡长江至江北瓜洲（今江苏扬州），后由瓜洲沿运河北上，赴汴京任职。作者至瓜洲已是傍晚。在瓜洲泊船之际，身处异地他乡的作者，怀乡之情油然而生。昨日欢聚畅饮，今日天各一方。离别之情，惆怅之意，一起涌上心头。情动而辞发，便写下了这首精美绝伦的怀乡诗。

"京口瓜洲一水间，钟山只隔数重山。"京口与瓜洲，只是一水之间；京口与钟山，也只隔着几重山。这么近的距离，却如咫尺天涯，我是多么想念故乡的亲人啊！"春风又绿江南岸，明月何时照我还。"春天又来了，江南又绿了，此时一轮明月从东方升起了。明月呀，你什么时候能照亮我归乡的路途啊！诗人的思乡之情从离开家乡的时候就开始了，刚刚离

重
chóng

开,就已经想着回去,更见其情之浓烈。

教学这首脍炙人口的小诗,先让学生在凭借注释、大致了解诗意的基础上,读通畅,读出节奏,读会背;学生会背了,再深入理解,品评字词、体会诗情;然后再反复诵读,声情并茂地背诵。具体教学过程如下。

第一,借助注释,理解诗意,把诗读熟、会背。这个教学环节要注意以下几点。

(1) 多音字。间(jiàn,间隔);重(chóng,这里可以作"道"讲);还(huán,回去)。

(2) 用简笔画画出作者的行程路线,帮助学生理解诗意。

```
              北      ◎瓜洲(傍晚)
    西    长    江    ↑    →    东
        ◎江宁————→◎京口(早上)
        (早上)              (傍晚)
              南
```

(3) 让学生说说这每句诗的意思及全诗大意。

(4) 把诗读熟,读出节奏,会背。

第二,联系背景,品味字词,体会情感。这个环节注意三点。

(1) 教师引入背景资料,让学生明白作者当时出门远行的事由及心情。①作者的仕途简历。②这次出门远行去任何职。③联系作者以往的人生经历,体会此时作者出门的心情。

(2) 作者从江南到江北,只过了江,到了瓜洲,刚出门,就想念家乡,这是什么引起的?——傍晚时分,正是游子思乡之时;季节变化,春天去了,有再来的时候,而我这一去不知多少年才能回到亲人身边?明月升起,又能勾起身处异地他乡游子的思乡之恋。

(3) 体会作者的思乡之情,声情并茂地朗读全诗,边读边想象诗人的处境、心情。

第三,诵读、背诵这首诗。诵读,即忘我地吟诵。把自己假设为作者。作者出门任职,自己出门求学(许多学生从农村离开了家人,去城里上学）；作者想念亲朋好友，自己想念爸爸妈妈。以设身处地的心情去吟、去诵、去想、去背，才能进入意境，悟出诗情，诵出诗味。

　　第四，体会作者炼字功夫——"绿"字的推敲、选择。"春风又绿江南岸"，是这首诗的名句。为了写好这句诗，作者在炼字上下了一番功夫。先后选择"到"、"过"、"入"、"满"等十多个字，作者都不满意，最后选定"绿"字。"绿"不但涵盖了满的内容，还具有鲜艳亮丽的色彩，既淋漓尽致地反映了江南之春的景色，又饱含了诗人对江南特别钟爱的情怀。把"绿"换成其他字，让学生反复读一读，就可辨别、认识到用"绿"字的好处。作者炼字作诗的功夫，对我们写作文遣词造句是一个启发。写作文，只有注意选字选词，力求准确表达，生动形象地表达，才能写出好的词句，才能打动人，才能让人喜欢。

　　总之，古诗教学，应该以学生的自读自悟为主，声情并茂地吟诵为主，体会诗人的情感为主，同时不要忘了品味诗人的言语表达，进而享受诗歌意境之美，语言之美。

文言文教学
——着力于文本的"一体三味"

人教版小学语文教材，在高年级编排了几篇文言文。文言文的篇目不算多，但它对小学生的语文学习，却十分有意义。文言文，不论篇幅长短，字数多少，它们都是我国传统文化中的经典。仅从教材几篇浅显的文言文来看，语言精练，含义丰赡，形象鲜明，构思精巧，具有较高的文学价值和审美价值。学生读了这样的文言文，能被精美的语言所吸引，被精彩的故事所打动，被精湛的文化所折服。

一、小学文言文教学研究

文言文教学教什么？怎么教？这是首先应该弄清楚的问题。我从过去有限的文言文教学听课来看，老师们所恪守的就是"八字宪法"，即"字字落实，句句翻译"。老师们仅把文言文作为学习古汉语的语言材料，逐句串讲，让学生记下，会翻译，会背诵，会默写，能考试，完了。这种死记硬背式的文言文学习，有"言"无"文"，有"学"无"味"。文言文的课程价值严重萎缩，既与狭隘的应考意识有关，也与老师们对文言文片面的理解有关。

经典的价值是巨大的。为了发挥文言经典的应有作用，我们应该全面理解文言文的课程价值。我认为，文言文这种体裁，它的特征应该是"一体三文"。即文言一体，有文言、文章、文化三个方面特征。文言：学习文言文，首先应该让学生理解文言字词，学习字词知识。理解文言字词，是学好一篇文言文的基础。文章：学习文言文，还要引导学生从文章的层面，把握它的内容，品味它的形式。文言的内容，即它所载之"道"，文言的形式，即它的语言表达和篇章结构。文化：学习文言文，还要引导学生感知和传承经典文化。当然，文言本身即为经典文化。文言经典文化，还包括与文言文有关的作家、作品、历史背景、民俗民风、人名地名、礼仪制度等。

文言文的"一体三文"，即"一体三味"。味，这里是指文言文的韵味、滋味，也可以作动词"品味"讲。文言文教学，不能教得干巴巴的，要教出文言文的味道，教出文言的味，文章的味，文化的味。文言文的味道，唯有诵读才能体会出来。学习文言文，在学生理解了字词，把握了句意，弄懂了文意，体会了表达，在这个基础上，还要让学生反复吟哦，多次咀嚼，体会文言的韵味，文章的情味，以及民族文化精神食粮的营养味。

为了让学生实实在在地体会到文言文的"一体三味"，文言文教学要注意以下几点。

第一，以自学为主。引导学生借助注释和工具书，进行自主学习和合作学习。小学语文教材中的文言文，都是比较有意思的，教学一开始若放手让学生自学，自学不懂的再与别人合作学习，那么百分之六七十的文言字词句，学生便可弄懂。老师这样做，既调动了学生学习的积极性，又减轻了教师教学的负担，而且还能活跃学习气氛，提高学习效果。

第二，以诵读为主。学生自学探究之后，难点已所剩无几。教师引导学生突破了难点，学生应该能基本上把握了文言文的大意，理解了文言文的思想内容。在这个基础之上，要让学生多朗读、诵读，发现文言句式、篇章结构的表达之妙。"书读百遍，其义自见。"读多了，不仅能知其意，还能见其形，能体会出文言词句篇章的表达形式。通过诵读，学生悟出了表达，也能更进一步体会文意，领悟情味。

第三，以积累为主。按照上海师范大学王荣生教授的观点，文言诗文为"定篇"，应该以学习文言诗文本身为主，并非把它们作为例子，学习课文以外的其他东西。文言文既然是"定篇"，就应该让学生在理解了内容，学习了表达，体会了情味的基础上，把文章背诵下来，默写下来。即把文言文"吞进肚子里"，让经典慢慢消化，发挥滋心养性的作用。

总之，文言文要教出情，教出味，教出趣，让学生对经典"见识一番"（朱自清语），尝到甜味，品到美味，有了情味，以后还想品尝更多的文言经典、文学经典乃至文化经典。

二、小学文言文教学教例

教例一：五年级下册《杨氏之子》。

梁国杨氏子九岁，甚聪惠。孔君平诣其父，父不在，乃呼儿出。为设果，果有杨梅。孔指以示儿曰："此是君家果。"儿应声答曰："未闻孔雀是夫子家禽。"

在梁国，一个姓杨的人家有个九岁的儿子，非常聪明。有一天，孔君平来拜见他的父亲，父亲不在，孔君平便把他的儿子喊出来。孩子看到客人来了，端来了水果，水果中有杨梅。孔君平指着杨梅给孩子看，并说："这是你家的水果。"孩子马上回答说："我没听说孔雀是先生您家的鸟。"

这篇文章只有55个字，却从几个方面表现了这个九岁孩子的"甚聪惠"。客人来了，知道为客人"设果"，很有礼貌；意识到客人在对自己开玩笑，能够"应声答曰"，反应敏捷；对客人回应用"未闻"，说话很委婉，讲分寸；对客人称"夫子"，表示对长辈的尊敬。

从文言来看，要让学生读懂"杨氏"、"甚"、"惠"、"诣"、"其"、"乃"、"呼"、"以示"、"曰"、"君"、"禽"等文言字词。这些文言字词和现代汉语相比，能以少胜多。由此可知文言文的精练，即语言简洁，文篇短小，而内容丰富，耐人寻味。这些方面要让学生加以体会。

从文章来看，学生学了这篇小古文，知道了古代的梁国有一户姓杨的人家，有个九岁儿童，非常聪明。就是现在的孩子，也应该向他学习。同时见识了这篇小古文语言精练之美，总写与分写的构思之美。

从文化来看，学生学习了这篇小古文，知道了我国古代有许多精美的故事，了解了历史上的一些人物，了解了作者刘义庆以及他的作品《世说新语》，这部书主要记述汉末晋代士族阶层言谈轶事的小说。

教这篇小古文，可以按以下几步走。第一，朗读。学生读正确、读通顺之后，借助注释及工具书自学，弄懂字词，了解文意。这也可以叫做初读。学生初读不懂的，可以与别人合作解决。第二，诵读。体会这个小孩儿的"甚聪惠"表现在哪些方面，同时体会文言文的精练之美，结构之美，以及与之有关联的文化之美。第三，背诵。把这个故事声情并茂地背诵下来，默写下来。学生把文言文积累下来了，文言、文章、文化，便属于学生本人的了。第四，课外阅读刘义庆的《世说新语》。

文言文的教学，关注了它的"一体三味"，运用朗读、体会、吟诵、背诵之法，学生不仅见识了文言的精练之美，思想之美，而且还感悟了文言文的结构之美，以及它的短小精悍、内蕴丰富的文化之美。关注文言文的"一体三味"，要比过去一些教师只关注"文言"一味，使学生有了更为丰富的情趣，有了多方面的收获。

教例二：六年级上册《伯牙绝弦》。

伯牙善鼓琴，钟子期善听。伯牙鼓琴，志在高山，钟子期曰："善哉，峨峨兮若泰山！"志在流水，钟子期曰："善哉，洋洋兮若江河！"伯牙所念，钟子期必得之。子期死，伯牙谓世再无知音，乃破琴绝弦，终身不复鼓。

伯牙擅长弹琴，钟子期善于倾听琴声。伯牙弹琴，心里想到高山，钟子期说："你弹得太好了！简直就像巍峨高大的泰山（屹立在我的面前）！"伯牙想着流水，钟子期说："好极了！这琴声又似奔腾不息的江河（从我心中流过）！"伯牙弹琴的时候心中有什么意念，钟子期一定能听出来。后来，钟子期死了，伯牙觉得这个世界上再没有能听懂他的琴声的人了，于是他把琴摔碎，把弦扯断，终身不再弹琴了。

这就是春秋战国时期楚国俞伯牙与钟子期二人千古流传的经典知音故事。这个故事歌颂的是朋友之间纯真的友谊。纯真友谊的基础是理解，而故事中的钟子期正是唯一真正理解伯牙的人，是伯牙唯一的知己。"士为知己者死。"当得知最理解自己的钟子期已死的消息后，伯牙也"破琴绝弦，终身不复鼓"。由此可以看出知己的伟大，友谊的高贵。伯牙绝弦，所喻示的正是一种真正知己的崇高境界，这也正是这个故事千百年来广为流传的魅力所在。

这篇小古文的教学，要注意两点：一是注意它的"一体三味"，即文言、文章、文化；二是注重诵读，让学生体会人物之间纯真而伟大的知己之情，并把这种高贵的友情淋漓尽致地读出来，表达出来。具体教学步骤如下。

第一，初读古诗，理解大意。

这个环节主要完成以下任务。①学生借助注释，初步读懂文言大意。②能把这个小故事读得正确，流畅，注意停顿，注意节奏，之后读得滚瓜烂熟。③让学生按字面意思，把大致内容说一遍，理解这个故事。

第二，品读字词，体会情感。

上个环节以朗读为主，这个环节应以诵读为主。通过吟诵，体会伯牙与钟子期二人之间的知己之情。尤其品读体会好三处的情味：一处是二、三句，伯牙弹琴无论"志在"什么，钟子期都能领会。第二处是第四句："伯牙所念，钟子期必得之。"从这句出发，引导学生再仿照上文的句式，拓展几个类似的句子。比如，伯牙志在"清风"，志在"春雨"，志在"杨柳"，志在"炊烟"，志在"红日"；钟子期必得之："微微兮若清风"，"蒙蒙兮若春雨"，"青青兮若杨柳"，"袅袅兮若炊烟"，"冉冉兮若红日"。第三处是最后一句："子期死，伯牙……"，从这句体会人与人之间知音高贵而难觅，真情伟大而难得，从而教育学生要真诚待人，珍惜友人，珍重情谊。

第三，理清层次，吟诵全文。

吟诵全文之前，让学生弄清不足百字的这篇小古文清晰的层次，全文可分为三层：第一层为第一句，伯牙善鼓琴，钟子期善听，全文总起句。

第二层为第二、三、四句，伯牙是怎么善鼓琴，钟子期是如何善听的。第三层为第五句，写伯牙对知己的珍重，对友情的热爱。学生诵读全文时，要设身处地，展开想象，进入二人的真情世界。

　　这篇文言文的教学，教师不仅关注了文言，而且还关注了文章，关注了情感发展变化的层次，因此学生最后吟诵全文时，便注意了情感上的变化，收到了很好的吟诵效果。不仅关注了文章，还关注了文化，学生既体会了"伯牙绝弦"的知己佳话，又从中得到启发，激励自己如何做人，如何做事，如何交友，人文素养得到了提高。学生在课外继续阅读二人的其他故事，或阅读古今中外名人、伟人纯真友情的故事，这也是关注文化之所得。

参考文献

1. 张田若：《小学阅读教学研究》，内蒙古人民出版社1994年5月第1版。

2. 吴忠豪：《从"教课文"到"教语文"——小学语文教学专题行动研究》，高等教育出版社2012年3月第1版。

3. 于永正：《我的"五重"语文教学观》，见《著名特级教师教学思想录（小学语文卷）》，江苏教育出版社2012年1月第1版。

4. 何以聪：《小学教学全书（语文卷）》，上海教育出版社1995年12月第1版。

5. 周正逵：《语文教育改革纵横谈》，教育科学出版社2013年10月第1版。

6. 叶圣陶：《叶圣陶教育箴言》，叶圣陶著，朱永新编，福建教育出版社2013年11月第1版。

7. 叶圣陶：《怎样学好语文》，叶圣陶著，周益民选编，浙江文艺出版社2012年3月第1版。

8. 中华人民共和国教育部制订：《义务教育语文课程标准（2011年版）》，北京师范大学出版社2012年1月第1版。

9. 温儒敏、巢宗祺：《〈义务教育语文课程标准（2011年版）〉解读》，高等教育出版社2012年2月第1版。

10. 于漪：《我的语文教育观》，见张蕾、林雨风主编《中国语文人》(第一卷)，首都师范大学出版社2010年6月第1版。

11. 中华人民共和国教育部组织编写：《素质教育观念学习提要》，生活、读书、新知三联书店2001年7月第1版。

12. 王荣生：《新课标与"语文教学内容"》，广西教育出版社2004年7月第1版。

13. 苏霍姆林斯基：《苏霍姆林斯基选集》第5卷，教育科学出版社2001年版。

14. 苏霍姆林斯基：《怎样培养真正的人》，见《苏霍姆林斯基选集》第2卷，教育科学出版社2001年版。

15. 苏霍姆林斯基：《全面发展的人的培养问题》，见《苏霍姆林斯基选集》第1卷，教育科学出版社2001年版。

16. 陶行知：《陶行知教育箴言》，陶行知著，蔡汀编，哈尔滨出版社2011年8月第1版。

17. 冯忠良：《教育心理学》，人民教育出版社2000年12月第1版。

18. 李海林：《"语文本体"的追寻》，见张蕾、林雨风主编《中国语文人》（第二卷），首都师范大学出版社2010年6月第1版。

19. 王荣生：《阅读教学设计要诀——王荣生给语文教师的建议》，中国轻工出版社2014年10月第1版。

20. 王荣生：《散文教学教什么》，华东师范大学出版社2014年11月第1版。

21. 曾祥芹：《阅读教学新论》，语文出版社1999年8月第1版。

22. 李新宇：《语文教育学新论》，南京师范大学出版社2006年10月第1版。

23. 李汉荣：《对大自然的感恩——由〈山中访友〉说开去》，见王林主编《作家和你谈课文》，二十一世纪出版社2009年3月第1版。

24. 成尚荣、孙双金：《语文新参考——小学语文名篇赏析及教学建议（五年级）》，广西师范大学出版社2008年4月第1版。

25. 金振邦：《阅读与写作》，中央广播电视大学出版社2001年6月第1版。

26. 曹文轩：《小说门》，作家出版社2002年版。

27. 曹文轩：《语文课的七大辩证关系》，《小学语文》2013年1-2期合刊。

28. 张颂：《朗读学》，中国传媒大学出版社2010年第3版。

29. 成尚荣、朱煜：《语文新参考——小学语文名篇赏析及教学建议（一至六年级古诗文）》，广西师范大学出版社2008年12月第1版。

30. 《读写结合：旧题新议再出发》，《江苏教育》（小学教学）2013年第12期，主持人语。

31. 《关注语文教学的文体意识》，《人民教育》2013年第6期，编者按语。

32. 吴忠豪：《语文本体性教学内容与教学设计》，《小学语文教学》2013年第6期。

33. 吴忠豪：《阅读课表达练习的设计与指导》，《语文教学通讯（小学刊）》2011年第11期。

34. 汪潮：《文体意识、文体特点与教学策略》，《语文教学通讯（小学刊）》2013年第12期。

35. 钟启泉：《对练习的批判与辩护》，《中国教育报》2011年7月22日"课程周刊"版。

后　记

　　20年前，我从乡镇教育办公室调进县教育局教学研究室，开始从事我心仪的事业——小学语文教学研究。我本来就不是做教育行政管理的料，但我喜欢读书、思考、写作，喜欢做研究。转做教学研究工作，是我人生中的一次重要选择！

　　做了这么多年的语文教学研究，让我投入时间精力最多的还是阅读教学和作文教学，这是我的兴趣使然。回忆20年走过的教研路，我自认为还是比较单纯的，比较用心的。我没有别的爱好，只乐意做我的工作。白天上课、听课、评课、讲座，举行教学公开课、研讨会，夜间凌晨三点多起床备课、读书，在庭院的月光下散步思考，在书房的灯光下继续写作。20年如一日，初心未改，习惯没变。转眼一生，转身一世。人生总要留点印痕。去年，全国著名出版社——福建教育出版社，给我出版了《诊断式作文教学探索与教例》，今年该社决定继续给我出版的这本阅读书，算作它的姊妹篇吧！

　　读过这本书的朋友，你一定会留下两个鲜明的印象：

　　第一，一条主线贯穿全书。这条主线就是引导学生学习语言文字运用。全书十个专题，前五个专题，介绍我在语文教学中如何培养学生一般的阅读技能，包括朗读技能、默读技能、略读技能、精读技能，以及语文知识向语文素养转化的技能；后五个专题是不同文体的教学探索，包括散文教学、小说教学、说明文教学、诗歌教学，以及文言文教学。十个专题，有探索，有教例；探索中有教例，教例中有探索。十个专题，关注阅读技能，即关注阅读能力；关注文体教学，即关注表达能力。阅读是表达的基础，都是为了发展学生的"语用"能力。

第二，两个特点尤为凸显。一是凸显诊断式。每一个专题的研究探索，我都是从问题出发，分析问题，辨析原因，据此提出切合实际的解决问题的办法。诊断式的研究，是从问题出发；从问题出发，即从实际出发。我多年的评课、讲座，都是从我县教学实际出发，老师们听起来感到非常的亲切，非常的切合实际，他们觉得很有实用价值。从问题出发，从实际出发，实事求是，减少了理论见长者的"我以为"，也少了许多"正确的废话"。二是凸显学情。学情大于天。从探索到教例，我上看课标要求，下看具体学情，远看学生未来发展的实际需要，根据文体选择最合宜的教学内容。一句话，我们的语文教学，一定要让学生学到对他们终身发展有用的语文。"语用"、"诊断"、"学情"成为本书的三个关键词，也成为有别于他书的鲜明特征。

这本书的付梓出版，得到了多人的指导与帮助。我要感谢福建教育出版社，感谢江华编辑对一个基层草根教研员工作的肯定与厚爱。我多年一直崇敬的全国著名语文教育专家、上海师范大学教授吴忠豪先生，见到书稿后很是喜欢，欣然作序。这是吴教授对我的莫大支持与鼓励，我从内心里有着难以言表的感激！全国著名语文特级教师、江苏省南京市北京东路小学孙双金校长，全国著名语文特级教师、江苏省吴江市盛泽实验小学薛法根校长，全国著名语文特级教师、江苏省吴江市实验小学管建刚副校长，他们三位先生见到书稿后，也都给予肯定，写了书评，我一并对他们表示最诚挚的谢意！这本书的写作还参考了多人的著作和文章，在此，我也对这些作者真诚地道一声："谢谢！"

杨海棠

2015年5月31日